Durand (Barrois a.)   20 janv.

Legris (Lacombe)   24 févr.

id. (archambaud)   6 avril

Fauconnier (Walckenaer)   8 avril

Caussin de Perceval   19 avril

(Corby, Beaujouan, Charon, Barraud)   4 octobre

Léchevalier   26 octobre

Perrin de Sanson   8 nov.

Kereau   19 décembre

(Muller et Jaunet ! —)   30 décemb.

CATALOGUE

DES LIVRES

COMPOSANT LA BIBLIOTHÈQUE

DE FEU M. DURAND.

Il y aura chaque jour, de midi à trois heures, exposition des Livres qui devront être vendus le soir.

Les Livres vendus devront être collationnés sur place dans les 24 heures de l'adjudication. Passé ce délai, ou une fois sortis de la salle de vente, ils ne seront repris pour aucune cause.

Les articles au-dessous de 12 fr. ne seront admis à rapport que dans le cas où ils seraient incomplets pour enlèvement de feuillets ou fragmens de feuillets atteignant le texte, et non pour taches, mouillures, déchirures, piqures, ou autres défectuosités.

On vendra dans chaque séance un grand nombre de bons Ouvrages que le temps n'a pas permis d'insérer dans le Catalogue.

A. PIHAN DE LA FOREST,
IMPRIMEUR DE LA COUR DE CASSATION,
Rue des Noyers, n° 37.

CATALOGUE

DE

TRÈS BONS LIVRES,

PRINCIPALEMENT

D'HISTOIRE

ECCLÉSIASTIQUE, DE FRANCE, HÉRALDIQUE,
ARCHÉOLOGIQUE ET LITTÉRAIRE,

PROVENANT DE LA BIBLIOTHÈQUE

DE FEU M. DURAND,

DONT LA VENTE

Se fera le Mercredi 20 Janvier 1836, et Jours suivans,
six heures de relevée,

MAISON SILVESTRE,

RUE DES BONS-ENFANS, Nº 30, SALLE DU REZ-DE-CHAUSSÉE,

PAR LE MINISTÈRE DE Mᵉ DUCROCQ,

Commissaire-priseur, successeur de M. COUTELLIER,
Rue des Bons-Enfans, nº 28.

A PARIS,

CHEZ MERLIN, LIBRAIRE,

QUAI DES AUGUSTINS, Nº 7.

1836

1	2	70	
2	4	„	
3	10	50	[illegible]
4			
5	2	50	
6	5	„	[illegible]
7 8 }	104	„	„ id
9	8	„	Cretains
10	7	„	Tabacie
11	1	50	id.
6 d.	4	„	[illegible]
6 d	4	„	heu
9	9	50	Cretains

CATALOGUE

DES LIVRES

COMPOSANT LA BIBLIOTHÈQUE

DE FEU M. DURAND.

THÉOLOGIE. — JURISPRUDENCE. — SCIENCES ET ARTS.

1. Psalterium Davidicum ad usum ord. Cisterciensis. *Lutetiæ Paris.*, 1656, in-fol. v. m.
2. Joa. Zonaræ in canones SS. apostolorum et sacror. conciliorum commentarii, gr. et lat. *Lutet. Paris.*, 1618, in-fol. gr. pap. v. f. fil.
3. Histoire du Vieux et du Nouveau Testament, par Royaumont. *Paris*, 1683, in-4, fig. v. br.
4. La même, 1771. v. br.
5. Jac. Usserii, Annales veteris et novi Testamenti. *Lutet. Par.*, 1673, in-fol. v. br.
6. Iidem. *Genevæ*, 1722, in-fol. v. f. fil.
7. Theodoreti opera gr. et lat. cura Jac. Sirmondi. *Lut. Par.*, 1642, in-fol., gr. pap., 4 vol. v. f.
8. Theodoreti operum tom. V (op. posthum.), gr. et lat. cura Joa. Garnerii. *Lutetiæ*, 1684, fol. v. br.
9. S. Cypriani opera, recogn. et illustrata a Joa. Tello. *Oxonii*, 1700, in-fol. v. br.
10. S. Hieronymi Epistolæ. *Venetiis*, 1488, gr. in-fol. rel. en bois.
11. Aur. Cassiodori varia, item de Anima lib. unus. in lucem data a M. A. Accursio. *Venetiis*, 1533, pet. in-fol., rel. en peau.

12. Opera omnia S. Brunonis, a Theod. Petreo edita. *Coloniæ*, 1611, pet. in-fol. sans couverture.

13. S. Anselmi opera, cura Gab. Gerberon. *Lutet. Parisior.*, 1721, in-fol. v. br.

14. C. S. Apollinaris Sidonii opera. *Parisis*, 1599, in-4, vél.

15. Nic. de Cusa opera. *Basileæ*, 1565, pet. in-fol. s. couvert.

16. Revelationes S. Brigittæ a Gons. Duranto not. illustrat. *Romæ*, 1606, pet. in-fol. vél.

17. Onomasticon urbium et locorum sacræ scripturæ, operâ Jac. Bonfrerii, recens. Joa. Clericus. *Amst.*, 1707, in-fol. v. br.

18. Geographia sacra, auct. Car. à sancto Paulo. *Lutet. Paris.*, 1641, in-fol., gr. pap. cart. v. f. fil.

19. De Tabernaculo fœderis, de sancta civitate Jerusalem et de Templo ejus, auct. B. Lamy. *Parisis*, 1720, in-fol. v. br.

20. Origines sacræ or a Rational account of the grounds of natural and revealed Religion, par Edw. Stillingfleet. *London*, 1709, pet. in-fol. v. br. fil.

21. Joa. Bapt. Crispus de Ethnicis philosophis cautè legendis. *Romæ*, 1594, in-fol. v. br.

22. Juliani Imp. opera omnia, S. Cyrillus contra Julianum, gr. et lat., cum notis Ez. Spanhemii. *Lipsiæ*, 1696, in-fol. v. br.

23. Jul. Hygini Fabulæ, ejusd. poeticon astronomicon lib. IV. *Basileæ*, 1578, in-fol. fig. v. f. fil.

24. Hist. religionis veterum Persarum, auct. Th. Hyde. *Oxonii*, 1700, pet. in-4 vél.

25. Yu le Grand et Confucius, par Clerc. *Soissons*, 1769, in-4, v. m.

26. P. Ern. Jablonski Pantheon Ægyptiacum. *Francofurti*, 1750, in-8, 3 vol. d.-rel. non rognés.

26 *bis*. Idem, br.

27. Coutume de Beauvoisie, par Ph. de Beaumanoir. Assises de Jerusalem, par J. d'Ibelin, avec notes par de la Thaumassière. *Paris*, 1690, in-fol. v. br.

28. Jurisprudentia heroica sive de jure Belgarum circa nobilitatem et insignia, auct. J. B. Christyn. *Bruxellis*, 1689, in-fol. 2 tom. en 1 vol. v. fin.

29. Omnia Platonis opera ex tralatione Mars. Ficini. *Basileæ*, 1539, in-fol. rel. en bois.

30. Platonis opera, gr. et lat., ex Joa. Serrani interpretatione. *Excud. H. Stephanus*, 1578, in-fol. 3 vol. mar. vert, fil.

12	5	60	Toulouse
13	3	50	heu
14	1	60	D'
15	2	"	Tabari
16	9	25	heu
17	2	"	Tabarie
18	2	85	heu
19	4	50	Toulouse
20	1	50	
21	1	75	malafin
22	30	"	Schaubeck
23	2	"	matheu
24	9	60	Libri
25	1	75	Tabarie
26	10	50	Schaubeck
26 bis	9	05	Labette
27	33	"	Merlin (mardt
28	9	"	Tabarie
29	3	50	,D
30	80	"	Cretenu
18 D.	2	85	heu
25 D.	2	10	Tabarie
25 D.	2	"	
28	8	50	defloreuno

31	3	75	dabin
32	2	40	V
33	3	"	dennaus
34	7	"	Tabarie
35	1	65	
36	2	95	
37	6	40	
38	3	"	Tabarie
39	5	"	V
40	2	95	V
41	3	10	Techem
42	1	65	V
43	3	60	Deflorme muslin
44	2	"	
45	3	50	Imagudot

tr. dor., réglés. Très bel exemplaire. (Légères piqures dans les marges du bas des 1er et 3e vol.)

31. Aristotelis moralia nichomachia cum Eustratii Aspasii, Mich. Ephesii, nonnullorumq. alior. græcor. explanationibus a J. B. Feliciano latin. donata. *Venetiis*, 1541, petit in-fol. mar. rou. fil. (Notes manuscrites.)

52. Tarq. Gallutius in Aristotelis libros V poster. moralium, gr. et lat. *Parisiis*, 1645, in-fol. v. br.

53. L. Ann. Senecæ philos. opera a Justo Lipsio emendata et scholiis illustrata. *Antverpiæ, ex off. Plantin.*, 1652, in-fol. v. br.

54. Sever. Boetii opera. *Venetiis, Joa. de Fornilio*, 1481, pet. in-fol. goth., rel. en bois. (Mouillé dans le haut et tout entier raccommodé.)

35. De fato libri IX, Jul. Serenio auctore. *Venetiis*, 1563, pet. in-fol. vél.

56. De la vicissitude ou variété des choses en l'Univers..., par Loys Leroy, dict Regius. *Paris*, 1575, fol. v. br.

37. Sexti Empirici opera, gr. et lat. *Genevæ*, 1621. in-fol. v. br., fil.

38. Les Essais de Michel de Montaigne. *Paris*, 1640, in-fol. v. f., fil.

59. La Doctrine des Mœurs...., représentée en cent tableaux, par Gomberville. *Paris*, 1646, in-fol. fig. 2 part. en 1 vol., v. br.

40. The Observator, in dialogues, by Roger l'Estrange. *London, Bennet*, 1684, in-fol. 3 tom. en 2 vol. v. br.

41. De l'Institution du Prince de Guil. Budée, tr. par Jan de Luxembourg, abbé d'Ivry. *Impr. à l'Arrivour, abbaye dudit seigneur,* 1547, pet. in-fol. vél. (mouillé).

42. L'Instruction et Nourriture du Prince, du latin du sieur Osorio, mise en françois par P. Brisson. *Paris*, 1583. = Sommaire de l'Histoire des François..., extr. de la biblioth. de Nic. Vignier. *Paris*, 1579, in-fol. rel. en peau.

43. Art des Devises, par Lemoyne. *Paris*, 1766, in-4, v. m.

44. Iconologie, ou Explication de plusieurs images, emblèmes, etc., dessinés par de Bie et moralisés par Baudoin. *Paris*, 1637, pet. in-fol. fig. v. f., fil. P. 6.

45. Symbola varia cum uberrima Isagoge J. Typotii. *Pragæ*, 1602, pet. in-fol. fig., 3 part. en 1 vol. bas. (Le titre de la première partie manque.)

+ par Nicole Paris. avec l'insigne d'un enfant tenant cinq branches d'un palmier

46. Emblêmes d'Amour, illustrez d'une explic. en prose. ═ Théatre d'Amour, pet. in-fol. fig. vél.

47. Cl. Salmasii Plinianæ exercitationes in C. J. Solini polyhistor. *Parisiis*, 1629, in-fol. 2 vol. br.

48. God. Bidloo, Anatomia humani corporis, cum CV tabulis G. de Lairesse. *Amst.*, 1685, gr. in-fol. v. br., fermoirs.

49. Tabulæ anatomicæ; colleg. et curav. J. Chr. Loder. *Vimariæ*, 1704, in-fol. 1 vol. en livrais. et 1 vol. de pl.

50. Is. Newtoni, Philosophiæ naturalis principia. *Genevæ*, 1739, in-4, 4 vol. d.-rel. n. rog.

51. Is. Newtoni Opuscula. *Lausannæ*, 1744, in-4, 3 vol. v. m.

52. Commentaire de Théon, trad. du grec, par Halma. *Paris*, 1822, in-4, gr. pap. vél. 2 vol. br.

53. Dion. Petavii, Uranologion. *Lutetiæ Paris.*, 1630, in-fol. v. br. à comp.

54. Astronomie, par Lalande. *Paris*, 1771, in-4, 3 vol. v. m.

55. Leçons d'architecture, par Durand. *Paris*, 1802, in-4, 2 vol. bas. rac.

56. Les Batimens et les Dessins de A. Palladio, recueillis par Scamozzi. *Vicence*, 1796, in-4, 5 vol. d.-rel.

57. Basilicæ S. Mariæ majoris descriptio et delineatio auct. Paulo de Angelis. *Romæ*, 1621, in-fol. fig. v. br.

58. Atrii heroici eicones, cum epigr. M. H. A. V. *Augustæ-Vindel, Manger*, 1601, pet. in-fol. fig. bas. fil. tr. dor.

58 *bis*. Principum et illustr. quorundam virorum, veræ imagines. *Lugd. Batav.*, *P. Vander Aa.*, *s. a.*, pet. in-fol. fig. v. br.

59. Le Cabinet des plus beaux portraits de plusieurs princes et princesses, hommes illustres, etc., par Ant. Van Dyck. *La Haye*, 1728, in-fol. fig. v. m.

60. Portraits des Hommes illustres tant du siècle présent que de plusieurs siècles passés. *Leide, Corn. Haak*, 1557, in-fol. fig. v. m. fil.

61. Soixante-quatorze portraits d'Hommes illustres français et étrangers, in-fol. cart.

62. Les Hommes illustres qui ont vécu dans le xviiᵉ siècle, dessinez par Ansel Van Hulle. *Amst., de Coup.*, 1717, in-fol. portr. v. br.

63. Portraits (L) présentés à Guillaume de Nassau, depuis roi d'Angleterre, in-fol. v. br. (belles épreuves).

46	5	20	Tabarie
47	4	10	— id
48	23	"	[illegible]
49			
50	8	"	Labur
51	6	95	V
52	5	95	matthieu
53	2	50	
54	10	"	Dubois
55	16	"	Dutot
56	37	"	Waret ainé
57	5	60	
58	5	"	Deflosun
58 bis	11	"	d°
59	25	50	deflorann
60	8	80	d°
61	11	"	Malafor
62	11	50	Tabarie
63	17	"	id
47	9	40	L'
47	5	50	Tabarie
50	8	"	porque

64	4	40	
65	3	50	Tabard
66	9	of	Vi
67	2	60	Tabard
68	2	80	
69	3	30	Tabard
70	4	20	W

71	7	45	Maynier
72	11	"	heu
73	12	50	Tabard
74	55	"	Tabard
75	7	"	anselin
76	1	"	Giraud
77	7	95	
65	3	"	
66	8	40	Tabard
66	11	"	
67	2	55	Cr

56 d.br 34

64. Les illustres Français, grav. par Ponce d'après les dessins de Marillier. *Paris, s. d.*, in-fol. cart.

65. Le Parnasse français, par Titon du Tillet. *Paris*, 1752, petit. in-fol. fig. v. éc.

66. Académie des Sciences et des Arts, par Isaac Bullart. *Brusselles*, 1695, pet. in-fol. fig. 2 vol. v. f. fil.

67. Veterum aliquot ac recentium medicorum philosophorumque icones; ex biblioth. J. Sanbuci cum ejusdem ad singulas elogiis. *Ex off. Plantin.*, 1603, pet. in-fol. fig. br. en cart.

68. Effigies et vitæ professorum acad. Groningæ et Omlandiæ. *Groningæ*, 1654, pet. in-fol. fig. v. br.

69. Novæ et ad vivum expressæ icones Belgii pacificatorum. a dom. Baudio. *Amst.* 1618, pet. in-fol. port. v. m. fil.

70. Icones sive imagines impp., regum, princip., elector et ducum Saxoniæ, unà cum eorumdem elogiis, Nic. Reusneri Leorini. *Jenæ*, 1597. fig. en bois.═Genealogiæ regum, electorum, ducum.... qui origines suas a bellicosiss. Saxonum rege ducunt... auctore Elia Reusnero Leorino, 1610. ═Martini Broniovii Tartariæ descriptio. Item Transylvaniæ ac Moldaviæ aliarumq. vicinarum regionum succincta descriptio G. A. Reichersdorff. *Coloniæ Agripp.*, 1595, petit in-fol. vél.

71. La vie de S. Bruno peinte par Lesueur et grav. par Fr. Chauveau. *Paris*, 1717, in-fol. fig. br. rog.

+ 72. Les figures et l'abrégé de la vie, de la mort et des miracles de S. François de Paule, par Ant. Dondé. *Paris*, 1671, in-fol. fig. mar. rou. fil. tr. dor. *Herc 12*

73. Nouveau Dictionnaire pour servir de supplément aux Dictionnaires des arts et des métiers, par une société de gens de lettres. *Paris, Panckoucke*, 1776, in-fol. 5 vol. dont 1 de pl. d-rel.

74. 15 vol. in-fol. v. f. fil. tr. dor. et v. m., de la Description des arts et métiers.

75. Mémorial du dépôt général de la guerre. *Paris*, 1828, in-4, fig. br. (Tom. 4, année 1826.)

76. The English Pilot. *London*, 1732, in-fol. fig. 3 part. en 1 vol. bas.

77. Champ fleuri, auquel est contenu l'art et science de la deue et vraye proportion des lettres attiques..., par Geoffroy Tory. *Paris*, 1529, pet. in-4, fig. v. br.

BELLES-LETTRES.

78. Monde primitif, par Court de Gébelin. *Paris*, 1778, in-4, 9 vol. br. en cart.

79. Pet. Victorii commentarii in Demetrium Phalerium de elocutione. *Florentiæ*, 1562.=Ejusd. variæ lectiones. *Ibid.* 1553, in-fol. v. f. fil.

80. Schindleri lexicon pentaglotton hebraic., chald., syriac., thalmudico-rabbin., et arabicum; in epitomen redactum a G. A. *Londini*, 1635, pct. in-fol. vél.

81. Lexicon hebraico-chaldaico-latino-biblicum, auct. P***. *Lugduni*, 1770, in-fol. 2 vol. bas. m.

82. Joa. Cocceii, Lexicon et commentarium sermonis hebraici et chaldaici..., operâ J. H. Maii. *Francofurti et Lipsiæ*, 1714, pct. in-fol. bas. m.

83. Suidas, gr. et lat., operâ Æmilii Porti. *Genevæ*, 1619, in-fol. 2 vol. v. f. fil.

84. Hesichii Dictionarium græcè. *Haganoæ*, 1521.= Joa. Camerarii utriusque linguæ commentarii. *Bāsileæ*, 1554, pet. in-fol. v. br.

85. Harpocrationis Lexicon decem oratorum, ed. N. Blancardo, cum notis H. Valesii. *Lugd. Bat.*, 1683, in-4, vél.

86. Lexicon græco-latinum, Joa. Scapulæ. *Genevæ*, 1628, in-fol. v. br.

87. Idem. *Lugd. Bat.*, *ex offic. Elzev.*, 1652, in-fol. parch.

88. B. Hederici, Lexicon man. græcum curâ G. Young. *Londini*, 1755, in-4, v. f.

89. Commentarii linguæ græcæ, G. Budæo auctore. 1529, pet. in-fol. parch.

90. Iidem. *Parisiis*, *R. Steph.*, 1548, in-fol. v. br.

91. Lexicon græco-latinum, auct. G. Budæo. 1554, in-fol. v.. f. réglé.

92. Lexicon græco-latinum. *Genevæ*, 1607, in-fol. v. f. fil.

93. Ger. Joa. Vossii, Etymologicon linguæ latinæ, præfigitur ejusd. de literarum permutatione tractatus. *Amst.*, *Lud. et Dan. Elzev.*, 1662, in-fol. vél.

94. Idem. *Amst.*, *Blaeu*, 1695, pet. in-fol. vél.

95. Idem. *Neapoli*, *ex R. T.* 1771, pet. in-fol. 2 vol. br.

96. Pyrrhi Perotti, cornucopiæ sive commentarii linguæ latinæ... *Venetiis*, *Aldus*, 1513, pet. in-fol. bas. m.

97. Iidem. *Basileæ*, 1532, in-fol. v. br. a comp.

78	58	..	
79	2	..	/°
80	4	..	Barrois th.
81	8	30	d°
82	[blot]	80	d°
83	12	.	Dabos
84	2	of	d°
85	8	80	Labitte
86	3	..	Désiré
87	9	.	Dabos
88	4	of	d°
89	2	ff	Matthieu
90	4	..	id
91	3	60	d°
92	f	..	Dabos
93	3	80	d°
94	4	95	Martin (Anguis)
95	2	50	Fallot
96	2	80	Taborie
97	2	50	désiré
98 Tout inc.	13	..	Taborie
84 Double	1	ff	

No.			
98	2	50	1	Tabarié
99	2	85		Dobin
100	17	50		Dobin
101	2	10		Mathieu
102	3	.		Martin (Anglais)
103	7	95		Martin (Anglais)
104	26	50		Crozet
105	1	80		désiré ?
106	2	20		girard
107	8	50		Mathieu
108	17	.		Barrois. Cie.
109	4	..		désiré
110	4	..		V.
111 } 112 }	14	50		Schoubeck
113	2	50		V.
114	35	50		Bodot
115	1	.		Mathieu
116	8	.		Leber
116 Double	2	60		girard rue S. Jacques n° 130
115 Double	1	35		

98. **Jos**. Laurentii Amalthea onomastica. *Lugduni*, 1664, in-fol. v. br.

99. Eadem. *Lugduni*, 1664, in-fol. v. br.

100. Rob, Stephani Thesaurus linguæ latinæ, recensuit Ant. Birrius. *Basileæ*, 1740, in-fol., 4 vol. br.

101. Dictionnarium latino-gallicum. *Lutetiæ, ex off. R. Stephani*, 1544, pet. in-fol. v. br.

102. Dictionnaire françois-latin, contenant les mots et manières de parler françois, tournez en latin, *Paris, R. Estienne*, 1539, in-fol. br. rog. (Titre raccomm. mouillé.)

183. Inventaire des deus (*sic*) langues françoise et latine, par Ph. Monet. *Lyon, V. Cl. Rigault*, 1636, in-fol. v. br.

104. Dictionnaire françois latin, dit de Trévoux. *Paris*, 1771, in-fol., 8 vol. v. m.

105. Lexicon Tetraglotton, an english-french-italian-spanish Dictionary... by J. Howell. *London*, 1660, pet. in-fol. v. br.

106. A Large Dictionary english-latin and latin-english by Th. Holgoke. *London*, 1677, in-fol. v. br.

107. A Dictionary of the english language by Sam. Johnson. *London*, 1755, in-fol., 2 vol. v. gr. fil.

108. S. Johnson's Dictionary. *London*, 1799, in-4, 2 vol. demi-rel.

109. Dictionnaire de l'Académie françoise. *Paris*, 1740, in-fol., 2 vol. v. m.

110. Conciones sive Orationes ex græcis latinisque historicis excerptæ. *Excud. H. Stephanus*, 1570. = Epistolæ græcanicæ antiquor. præstantissimor. virorum à J. Cujacio latinitate donatæ. *Aur. Allobrog.*, 1606, in-fol. vél.

111. Libanii Sophistæ Præludia Oratoria LXXII, Declamationes XLV et Dissertationes morales, gr. et lat.; Fed. Morellus edidit. *Parisiis*, 1686, in-fol. v. br.

112. Libanii Soph. operum tomus II, Orationes XXXVI, gr. et lat. F. Morellus recensuit. *Lutetiæ*, 1627, in-fol. vél.

113. Fr. Robertellus in librum Aristotelis et Horatii de Arte poetica. *Florentiæ*, 1548; in-fol. rel. en peau.

114. Poetæ græci veteres, gr. et lat., cura J. Lectii. *Aur. Allobrog.*, 1606 et 1614, in-fol., 2 vol. v. br. fil.

115. Callimachi Hymni, græce. *Glasguæ, Foulis*, 1755, pet. in-fol. br. en cart.

116. P. Virgilii opera cum comment. Seb. Brant, *Argentinæ, Joa. Gruninger*, 1509, pet. in-fol. fig. color. vél.

117. P. Virgilius argumentis, explication. et notis illustratus auct. J. Lud. de la Cerda. *Lugduni*, 1612-19, in-fol., 3 vol. v. f. fil.

118. Pub. Virgilii opera. *Parisiis, è T. R.* 1641, in-fol. v. br.

119. Les Œuvres de Virgile, trad. par Mich. de Marolles. *Paris*, 1649, in-fol. fig. v. f. fil.

128. Q. Horatii opera cum commentariis Acronis, Porphyrionis, A. Mantinelli et J. Radii. *Parisiis*, 1542, pet. in-fol. v. br.

121. Q. Horatius cum comment. Dion. Lambini. *Lutetiæ*, 1569, in-fol. v. f.

122. Idem, 1579... vél.

123. Idem, 1604, rel. en peau.

124. Q. Horatii opera omnia à P. G. Chabotio explicata. *Basileæ*, 1615, in-fol. v. br.

125. Pub. Ovidius, cum commentariis. *Francofurti*, 1601, in-fol., 3 tom. en 1 vol. bas. m.

126. Les Métamorphoses d'Ovide, trad. par Duryer. *Paris*, 1660, in-fol. fig. v. br. fil.

127. M. Ann. Lucani Pharsalia. *Parisiis, P. Didot*, 1795, in-fol., pap. vél. plié.

128. Bapt. Mantuani opera cum commentariis Murrhonis, Brantii et Ascensii, 1543, pet. in-fol., 2 vol. v. br. piqué.

129. Maphæi S. R. E. Card. Barberini nunc Urbani Papæ VIII Poemata. *Parisiis, è T. R.*, 1642. == Philomathi Musæ Juveniles. *Ibid.*, 1656, in-fol., mar. rou. fig. dent. tr. dor.

130. Le Roman du Renart, publié par M. Méon. *Paris*, 1826, in-8, 4 vol. br.

131. Le Castoiement, ou Instruction d'un Père à son Fils. *Paris*, 1769, in-12, v. m.

132. Alaric, poème par de Scudéry. *Paris*, 1664, in-fol. v. f. fil.

133. Œuvres de Boileau, avec les notes de Saint-Marc. *Paris*, 1747, pet. in-8, 5 vol. v. m. fil.

134. Les mêmes. *Amst.*, 1772, in-8, 5 vol. v. gr. fil.

134 *bis*. Les mêmes. v. tr. dor.

135. La Muse historique, ou Recueil de Lettres en vers (1650-1664), par Loret. *Paris*, 1658, pet. in-fol. 3 vol. v. m.

136. La Gerusalemme di Torq. Tasso, figurata da Bern. Castello. *Geneva*, 1617, pet. in-fol. v. br. fil.

157. Il Goffredo overo la Gierusalemme liberata di Torquato Tasso. *Parigi, St. R.*, 1644, in-fol. mar. rou. fil. tr. dor. *Aux armes.*

117	15		Martin
118	1	70	matthieu
119	4	50	V.'
120	2	of	Labette
121	2	of	V.'
122	1	60	
123	2	of	Pens
124	1	90	matthieu
125	5	25	V.'
126	3	80	faloria
127	2	80	V.'
128	2	80	tabosia
129	3	of	V.'
130	20	50	Crozet
131	2		Martin
132	2	50	Techineur
133	13	50	porque
134	12		~~Lorong~~
134 bis	16		Legros
135	30		Martin (Leleux)
136	4	35	diger
137	5		Cretaine
136 Dub.	4	20	désiré
137 Dub. bule	1	80	Giraud

138	17	"	Cretaine . Amulachri de siècle 3
139	1	"	D°
140	6	60	Cretaine
141	4	95	Tabarie
141 bis	4	60	:D
142	2	"	Malafin
143	4	"	D°
144	4	50	Leroug
145	10	"	:D
146	26	"	
147	6	95	Dabin
148	24	50	Barrois etc.
149			
150	9	40	Schaubrek
151	5	"	:D
152	10	"	Merlin (ingstitus)
153	29	"	Schaubrek
154	20	"	Bosquet
155	17	"	Morin aîné
156	1	50	D.
157	9	95	Dabin incroyable numéro 72
158	26	50	Bosquet
142 Double pt.	1	50	D°
143 Double pt	2	95	D°
	9	70	

158. Raccolta di vari Epigrammi (gr. e ital.) *Napoli, Stamp. Reale,* 1788, in-4, gr. pap. de Holl., 5 vol. d.-rel.

139. Prince Arthur, an heroic poem in ten books by Rich. Blackmore. *London,* 1695, pet. in-fol. bas. m.

140. Aristophanis comœdiæ XI, gr. et lat. cum scholiis antiquis, studio et operâ Od. Biseti. *Aureliæ - Allobrog.,* 1607, in-fol. v. f. fil.

141. M. Acc. Plautus cum comment. Dion. Lambini. *Lutetiæ,* 1576, in-fol. vél.

141 *bis.* Idem, 1587. in-fol. v. m.

142. Pub. Terentii comœdiæ. *Parisiis, T. R.* 1642, in-fol. v. br.

143. Le théâtre de P. Corneille. *Paris,* 1664. in-fol., 2 vol. v. br.

144. Œuvres de Molière avec les remarques de Bret. *Paris,* 1804, in-8, fig. 6 vol. v. rac.

145. Œuvres de Regnard. *Paris, V. Duchesne,* 1790, in-8, 6 vol. v. gr. fil. tr. dor.

146. Bell's English Theatre. *London,* 1780, in-12 v. br. Tom 1 à 21... 25.

147. Aventures de Télémaque, par Fénélon. *Leide, imp. de Wetstein,* 1761, in-4, fig. br. en cart.

148. Histoire amoureuse des Gaules, par Bussy Rabutin. *Cologne, P. Marteau,* 1716, pet. in-12 v. br.

149. Don Quixote, por Cervantes. *London, Tonson,* 1768, in-4 fig. 4 vol. v. f. fil. tr. dor.

150. Philostratorum quæ supersunt, gr. et lat., recensuit et notis illustr. Gott. Olearius. *Lipsiæ, Fritsch,* 1709, in-fol. vél. fil.

151. L. Ann. Senecæ philos. et M. Ann. Senecæ Rhetoris opera Fed. Morellus recensuit. *Parisiis,* 1619, in-fol. v. f. fil.

152. Bened. Averanii opera. *Florentiæ,* 1717, in-fol. 3 vol. demi-rel.

153. P. Em. Jablonski opuscula. *Lugd. Bat.,* 1806, in-8, 4 vol. br.

154. Joa. Launoii opera. *Coloniæ - Allobrog.,* 1731, in-fol. 5 tom. en 10 vol. v. br.

155. Justi Lipsii opera. *Antuerpiæ,* 1637, in-fol. 4 v. v. br.

156. Joa. Marianæ Tractatus VII. *Coloniæ - Agripp.,* 1609, pet. in-fol. vél.

157. Henr. Mori Cantabrig. opera. *Londini, I. Macock,* 1679, in-fol., 3 vol. v. br.

158. Henr. Norisii opera. *Veronæ,* 1729. in-fol., 4 vol. vél.

159. Fr. Petrarchæ opera. *Venetiis*, *S. Papiensis*, 1593, pet. in-fol. rel. en bois.

160. Eadem. *Basileæ*, 1554, pet. in-fol., 2 vol. rel. en bois.

161. Car. Sigonii opera. *Mediolani*, 1732, in-fol., 6 vol. v. m.

162. Franc. Spanhemii opera. *Lugd. Batav.*, 1701, in-fol., 3 vol. v. br.

163. Joa. Guil. Stuckii opera. *Lugd. Batav.*, 1695, in-fol., 2 tom. en 1 vol. v. br. fil.

164. Franc. Vavassoris opera. *Amst.*, 1709, in-fol. v. br.

165. M. Velseri opera historica et philologica, sacra et profana, curante Chr. Arnoldo. *Norimbergæ*, 1682, in-fol. v. br.

166. Ger. Joa. Vossii opera. *Amst.*, *Blaeu*, 1701, in-fol., 6 vol. vél.

167. OEuvres de Mre Alain Chartier. *Paris*, 1617. in-4 v. br.

168. Les mêmes, rev. par A. Duchesne. *Paris*, 1617, pet. in-4 v. f. fil.

169. Les OEuvres de Cl. Fauchet, avec le Traité de la poésie françoise. *Paris*, 1620, in-4 parch.

170. OEuvres diverses de P. Bayle. *Lahaye*, 1727, in-fol., 4 tom. en 5 vol. v. br.

171. OEuvres choisies de l'abbé Prevost. *Paris*, 1783, in-8, fig. 39 vol. v. m. fil.

172. Adagia Des. Erasmi, cum H. Stephani animadv. *Parisiis*, 1572, in-fol. v. br.

173. Elysius jucundarum quæstionum Campus, auct. Gasp. à Reies Franco. *Bruxellæ*, 1661, in-fol. v. br.

174. Matth. Martini Lexicon philologicum, acced. ejusd. Cadmus græco-phœnix, edente Joa. Clerico. *Traject. Batav.*, 1711, in-fol., 2 vol. vél.

175. Idem. *Francofurti ad Mœnum*, *s. a.* in-fol. rel. en 3 part. v. f. (piqué.)

176. Florilegium magnum seu Polyanthea floribus novissimis sparsa, collecta à Jos. Langio. *Lugduni*, 1648, in-fol. v. gr.

177. Athenæus, gr.-lat. Casauboni. *Lugduni*, 1657, in-fol. v. br. — Is. Casauboni animadversiones. *Lugd.*, 1660, in-fol. v. br.

178. Alexandri ab Alexandro Genialium dierum libri VI, cum And. Tiraquelli annot. *Francofurti*, 1594, in-fol. v. fil.

179. Pet. Victorii Variæ lectiones. *Florentiæ*, pet. in-fol. vél.

159	10	„	Martin [illegible]
160	6	„	Corper
1	29	50	Marie
2	17	„	Martin [illegible]
3	5	95	Taboric
4	3	„	
5	5	60	[illegible]
6	40	„	Marie
7	6	50	[illegible]
8	10	50	Crozee
9	7	50	[illegible]
170	20	„	Corpet
1	29	50	Dabin
2	1	85	
3	1	80	[illegible]
4	5	95	Martin
5	4	40	Taband
6	5	60	U
7	12	50	Schaubert
8	2	40	Matthieu
9	2	50	[illegible]
7	5	10	[illegible]

180	2	of	Jabov
181	1	60	
2	3	of	
3	4	20	Schaubert
4	4	"	Mestin (Torn)
5	2	"	Malefer
6	5	"	
7	1	50	O
8	2	of	multien

9	45	"	Planche
190	13	"	Labitte
1	20	50	honaufs
2	4	10	O
3	19	"	Mestin (N.D.V)
4	12	~~50~~	~~Schonbuck~~ Labitte
5	4	15	O Mestin (N.D.V.
6	1	..	Mestin (N.D.V.
7	2	50	Mestin
8	5	80	Croyer
1833	4	20	

180. Lampax sive fax artium liberalium , auct. Joan. Grutero. *Florentiæ*, 1737, in-fol. 2 vol. d.-rel.

181. Jos. Laurentii Polymathia. *Lugduni*, 1666, in-fol. v. br.

182. Lælii Bisciolæ horæ subsecivæ. *Ingolstadii* , 1611, in-fol. v. f. fil.

183. Photii Epistolæ gr., per Rich. Montacutium latinè redditæ et notis illustratæ. *Londini* , 1651, pet. in-fol. v. br.

+184. Opus Epistolarum Petri Martyris; cui access. Epistolæ Ferdinandi de Pulgar. *Amst., typogr. Elzevir.*, 1670, pet. in-fol. v. br. T. a

185.. Epistolæ Ph. Melanchtonis, Th. Mori et Lud. Vivis. *Londini*, 1642, in-fol. v. br.

186. Hug. Grotii Epistolæ. *Amst., Blaeu*, 1687, in-fol. vél.

187. Ger. Joa. Vossii et clarorum virorum ad eum Epistolæ, collectore Paulo Colomesio. *Aug. Vindelicorum*, 1694, in-fol. v. br.

188. Joa. Launoii Epistolæ omnes. *Cantabrigiæ*, 1689, in-fol. v. br. à comp.

HISTOIRE.

1. GÉOGRAPHIE. — VOYAGES.

189. Theatrum geographiæ veteris, edente Pet. Bertio. *Lugd. Bat., Is. Elzev.*, 1618, in-fol., 2 part. en 1 vol. vél.

190. Chr. Cellarii notitia orbis antiqui, curâ et studio Conr. Schwartz. *Lipsiæ*, 1731, in-4, 2 vol. vél.

191. Géographie de Strabon, tr. du grec, par Coray et autres. *Paris, I. R.*, 1814, in-4, gr. pap. vél. br. en cart. (t. 4 et 5.)

192. Stephanus de urbibus, gr. et lat., cum notis J. Gronovii. *Amst.*, 1678, pet. in-fol. v. br.

193. Idem. = Lucæ Holstenii notæ in eumdem. *Lugd. Bat.*, 1684, in-fol. vél. 18 NDV

194. Idem Stephanus, gr. et lat., cum comment. Abr. Berkelii. *Lugd. Bat.*, 1688, pet. in-fol. vél. 12 NDV

195. Perorgon sive Veteris Geographiæ aliquot tabulæ (ab Abr. Ortelio), 1590, in-fol. fig. col. v. br

+ 196. Phil. Cluverii Sicilia antiqua. *Guelferbyti*, 1659, pet. in-4 vél. NDV_5.

197. Parallela Geographiæ vet. et novæ, auct. Ph. Brietio. *Parisiis*, 1648, in-4, 3 vol. v. br.

178. Etats formés en Europe après la chute de l'Empire ro-

main en Occident, par d'Anville. *Paris, I. R.*, 1771. ⚏
Analyse géographique de l'Italie, par le même. *Paris*,
1744, in-4 v. br.

+ 199. Notice de l'ancienne Gaule par d'Anville. *Paris*, 1760,
in-4 v. m. fil. D.N. 8

200. Ph. Cluverii introductio in universam geographiam,
cum notis. *Amst.*, 1697, in-4 fig. v. f.

200 *bis*. Eadem. 1683. v. br.

201. Joa. Luyts introductio ad geographiam nov. et veter.
Traj. ad Rh., 1692, in-4 fig. vél.

202. Novum Lexicon geographicum à Phil. Ferrario ex recens. M. Ant. Baudrand. *Venetiis*, 1738, in-fol., 2 tom.
en 1 vol, v. m.

203. Theatrum orbis terrarum, auct. Abr. Ortelio. *Antuerpiæ*,
1603, in-fol. fig. col. v. br.

204. Speculum orbis terrarum, per Corn. de Judæis. *Antuerpiæ*, 1593, in-fol. fig. color. vél.

205. Géographie historiq., ecclésiast. et civile, par Jos. Vais-
sette. *Paris*. 1755, in-4, 4 vol. v. br.

206. Deuxième exempl. br. en cart. *Sans cartes*

207. La Géographie moderne, par Abr. Dubois. *La Haye*,
1736, in-4 fig., 2 vol. v. br.

208. Théâtre géographique du royaume de France, par Gab.
Michel. *Paris*, 1632, in-fol. fig. vél.

209. A Description of the maritime parts of France, by Th.
Jefferys. *London*, 1761, in-fol. obl., 2 vol. dont 1 de pl.
br. en cart.

210. M. Z. Boxhornii theatrum, sive Hollandiæ comitatus et
urbium nova descriptio. *Amst.*, 1632, in-4 obl. fig. v.
br. fil.

211. Memoir of a Map of Indoostan, by J. Rennell. *London*,
1783, in-4 cart.

212. Atlas de Gérard Mercator et de Hontius. *Amst.*, 1633,
gr. in-fol. fig. col., 2 vol. vél.

213. Cartes de toutes les côtes de France, par Tassin. *Paris*
1631. in-fol. obl. vél. — Nouvel Atlas d'Angleterre. *Paris, Desnos*, 1767, in-4, d.-rel. — Nouvelle carte de la
Lombardie, dressée par d'Anville. *Paris*....... in-fol. obl.,
demi-rel.

214. Histoire générale des Voyages, par l'abbé Prevost, avec
la continuation. *La Haye*, 1747 *et suiv.*, in-4, fig. 25 vol. v.
gr. fil. à comp. (Les tom. 19 à 25 en d.-rel.)

199	7	50	Meneau (F.D.N.)
200	1	85	Boize
0 bis	1	50	Taborie
1 bis	2	95	Merleu
2	1	60	
3.	6	20	V
4	2	65	
5.	8	—	Blaize
6	2	20	
7	1	30	
8	5	"	Sanvicins
9	2	55	Dabris
210	1	15	
1	1	"	Mulaffou
2	10	"	Joup.
3	2	"	Taborie
4	40	50	13.
199	5	95	Meneau

215	1	60	
6	4	"	Mestre
7	10	"	D.
8	8	"	Costain
9	2	"	Costain
220	2	2	Joseph
1	6	"	Dubois
2	6	95	Teacheur
3	12	50	
4	1	55	mathieu
5	27	"	Martin (J.)
6	3	"	D. D.
7	3	"	D. D.
8	2	"	D. D.
9	4	"	Joseph
230	10	"	planche
1	2	60	Martin (Tenny)
2.16 ?.	1	55	mathieu
9	2	50	ditot
221 ?.	6	50	D

215. Le Voyageur curieux, par Le B. *Paris,* 1664, pet. in-4,
v. br.

+ **216.** Orbis maritimi sive Rerum in mari et littoribus gestarum
generalis historia, auct. Cl. Bar. Morisoto. *Divione,* 1643,
in-fol. v. br. T. a

+ **217.** Hist. Navigationis Mart. Forbisseri. *Hamburgi,* 1675,
pet. in-4 cart. n. rog. T. pr

218. Relation du Voyage de Charles II en Hollande en 1660.
La Haye, 1660, in-fol. fig. br. — Relation du voyage de
S. M. Britannique en Hollande en 1691. *La Haye,* 1692,
in-fol. fig. v. m.

219. Voyage en Sibérie, par Chappe d'Auteroche. *Paris,*
1768, in-4, pap. de Holl. 3 vol. et atlas, ~~grand-in-fol.~~ v.
éc. fil.

220. Voyages d'A. de la Motraye en Prusse et en Russie.
La Haye, 1732, pet. in-fol. fig. v. f. (en angl. et en
franç.)

221. Voyages du sieur de la Motraye. *La Haye,* 1727, petit
in-fol. fig. 2 tom. en 1 vol. v. m.

222. Le navigationi et Viaggi nella Turchia di Nicolo de Nico-
lai. *Anversa,* 1577, pet. in-4, fig. vél.

223. Voyage au Levant, par Corn. Lebrun. *Paris,* 1714, in-f.
gr. pap. fig. v. br.

224. Mémoire sur la collection des grands et petits Voyages et
sur la collection des Voyages de Melch. Thévenot, par Ca-
mus. *Paris,* 1802, in-4, br.

+ **225.** Relations de divers Voyages curieux qui n'ont point été
publiés, par Melch. Thévenot. *Paris, Cramoisy,* 1666, in-f.
fig. 2 v. v. br. T

+ **226.** Historia orientalis Haytoni, accedit M. Paulus de rebus
Orient. *Helmestadi,* 1585, pet. in-4, cart.

+ **227.** Marcus Paulus de region. Orient. *Coloniæ Brand.,* 1671,
pet. in-4, v. br.

+ **228.** Navigatio ac itinerarium Joa. Hug. Linscotani in Indiam
Orientalem. *Hagæ Comit.,* 1599, petit in-fol. v. br. fil.

+ **229.** Histoire de la navigation de J.-H. de Linschot aux Indes
Orientales. *Amst.,* 1619. == Le grand Routier de mer de
J. H. de Linschot. *Amst.,* 1719, in-fol. fig. v. br. fil.

+ **230.** Il viaggio all' Indie Orientali del P. Vinc. Maria di S.
Caterina da Siena. *Roma,* 1672, pet. in-fol. vél.

+ **231.** Itinerarium Hierosolymitanum et Syr. auct. J. Cotovico.
Antverpiæ, 1619, in-4. vél.

† 232. Le Pèlerin véritable de la Terre-Sainte. *Paris*, 1625,. in-4, fig. d.-rel. **Q · 9**

† 233. Voyage de la Terre-Sainte. *Paris*, 1657, in-4, v. br.

† 234. Le très dévot Voyage de Jérusalem, faict par J. Zvallart. *Anvers*, pet. in-4, fig. en bois, v. f. **Q · 9**

† 235. Voyage de Jérusalem, par L. P. B. Surin. *Bruxelles*,. 1666, in-4, d.-rel. **Q 9**

† 236. Voyage du sieur de la Boullaye. *Paris*, 1655, in-4, d.-rel.

237. Journal du Voyage de Chardin en Perse. *Londres*, 1705, in-fol. fig. bas.

238. Voyages de C. Lebrun en Perse et aux Indes Orientales. *Amst.*, 1718, petit. in-fol. fig. 2 vol. v. br.

239. Legatio Batavica ad magnum Tartariæ Chamum, Sungteium, per J. Nieuhovium, latin. donata per G. Hornium. *Amst.*, 1668, pet. in-fol. fig. v. br.

240. Ambassade de la compagnie orientale des Provinces-Unies vers l'empire de la Chine, par J. Nieuhoff, trad. par J. le Carpentier. *Leyde*, 1665, in-fol. fig. v. br.

241. Voyage de Levaillant en Afrique. *Paris*, 1780, in-4,. 2 vol. v. éc. fil.

242. Voyage de don J. et don A. de Ulloa. *Amst.*, 1752, in-4, 2 vol. d.-rel. n. rog.

243. Histoire des navigations aux terres australes, par Debrosses. *Paris*, 1756, in-4, 2 vol. v. m.

244. La même, br.

II. CHRONOLOGIE. — HISTOIRE UNIVERSELLE. — HISTOIRE ECCLÉSIASTIQUE.

245. De veteribus Græcorum Romanorumque cyclis ab Henr. Dodwello. *Oxonii, e Th. Sheld.*, 1701, in-4, v. br. — Nic. Averanii de mensibus Ægyptiorum. *Florentiæ*, 1737, pet. in-4, v. br.

245 *bis*. Eusebii Pamphili thesaurus temporum, cum notis Jos. Scaligeri. *Lugd. Batav.*, 1606, in-fol. v. br.

246. Dion. Petavii de Doctrina temperum. *Antverpiæ*, 1705, in-fol. v. br.

247. Edw. Simsonii chronicon catholicon ex recens. et cum animadv. Pet. Wesseling. *Lugd. Bat.*, 1729, in-fol. v. br.

248. Jos. Justi Scaligeri, Isogogicorum chronologiæ canonum libri III. *Amst.*, 1658, in-fol. v. f. fil.

232	7	..	Mestier (qu.
233	2	9S	id (Ten)
234	6	"	id (9)
235	7	9S	id (9)
236	3	..	id (J)
7	13	2S	Matthieu
8	16	30	Matthieu blanch.
9	6	30	Matthieu
240	5	10	Boije
1	9	..	Antoine
2	5	10	
3	1	9S	P.
4	1	30	magnier
5	3	20	L
6 bis	3	6S	durand
6	8	6S	Toulouse
7	2	5co	durand
8	1	5o	:J.
236	2	5ci	magni
238	11	..	joup
243	1	80	Bois

Mÿ	2	20	Martin (...)
30	2	of	Arabel
1	2	95	Durand
2	3	50	Girard
3	1	55	Girard
4	7	of	Tabarié
5	1	55	Tabarié
6	1	40	Durand
7	2	55	id
8	8	95	Tabarié
9	17	50	id
Jbre	1	..	Durand
1	2	,	Girard
2	2	55	Tabarié
3	9	..	id
4	10	..	Mÿ...
5	2	95	y.
6	3	.	Tabarié
7	4	50	Arabel (...)

+ 249. Gilb. Genebrardi chronographiæ libri IV. *Parisiis*, 1585, in-fol. vél. (Taché d'humidité.) *Pag. 3 à 4.*

250. Sethi Calvisii opus chronologicum. *Francof. ad Mœn.*, 1685, in-fol. v. br.

251. Analyse chronologique de l'Histoire universelle. *Paris*, 1756, in-4, v. m. fil.—Chronologie des anciens royaumes, trad. de l'angl. d'Is. Newton. *Paris*, 1728, in-4, v. m.

252. Essai sur l'Histoire chronologique de plus de quatre-vingts peuples de l'antiquité, par Delaborde. *Paris*, 1788, in-4, 2 vol. br.

253. Onuph. Panvinii Fastorum libri V, cum ejusd. commentariis. *Venetiis*, 1558, pet. in-fol. d.-rel.

254. Cosmographiæ universalis libri VI, auct. Seb. Munstero. *Basileæ*, 1550, in-fol. fig. en bois, v. br.—Joa. Cluverii, Historiarum totius mundi Epitome. *Vratislaviæ*, 1673, pet. in-4, vél.

255. Chr. Helvici Theatrum historicum et chronologicum. *Francofurti ad Mœn.*, 1666, pet. in-fol. d.-rel.

256. Facis historiarum centuriæ II, auct. Joa. à Chokier de Surlet. *Leodii*, 1662, pet. in-fol. v. br.

257. The estates, Empires, etc., of the world, translat. from the French by Edw. Grimstone. *London*, 1615, in-fol. v. br.

258. Fasciculus temporum. *Venetiis, Erh. Ratdolt*, 1480, pet. in-fol. goth. fig. en bois, v. rac. fil. (piqué.)

259. Le grand tableau de l'Univers, par Basnage. *Amst.*, 1714, in-fol. fig. v. m. fil.

260. Mich. Ritius, de Regibus Francor., hispan., hierosolym., etc. *Basileæ*, 1517, pet. in-4, vél.

261. Pauli Jovii, Historiarum sui temporis lib. XXXIV. *Lutetiæ*, 1553, in-fol. 2 tom. en 1 vol. v. br.

262. Continuation de l'Histoire de notre temps, par Guil. Paradin. *Lyon*, 1556, in-fol. vél. n. à comp.

263. Mémoires pour servir à l'histoire du xviiᵉ siècle, par de Lamberty. *La Haye*, 1724, in-4, 14 vol. vél.

264. Eusebii Pamphili, Ecclesiasticæ historiæ libri X, gr. et lat., H. Valesius recensuit. *Parisiis*, 1659, in-fol. v. br.

265. Historiæ ecclesiasticæ scriptores græci, gr. et lat., ex interpr. Joa. Christophorsoni. *Coloniæ Allobr.*, 1612, in-fol., v. br. fil.

266. Theodoriti et Evagrii Historia ecclesiastica, gr. et lat., H. Valesius recensuit. *Parisiis*, 1673, in-fol. v. br.

267. Socratis sch. et Hermiæ Sozomoni, Historia ecclesiastica

gr. et lat., Henr. Valesius recensuit. *Parisiis*, 1668, in-fol. v. br.

268. Histoire ecclésiastique, par Fleury et Rondet. *Paris*, 1694, in-4, 36 vol. v. br.

269. Historia ecclesiastica ab H. Valesio in ling. lat. conversa. *Parisiis*, 1677, in-fol: v. br.

270. Annales ecclesiastici, auct. Od. Raynaldo. *Romæ*, 1667, in-fol. v. br.

271. Table chronologique de l'état du christianisme, par J. Gaultier. *Lyon*, 1673, in-fol. v. br.

272. Annales ecclesiastici Francorum, auct. Car. Lecointe. *Parisiis*, 1665, in-fol., 8 vol. v. br.

273. Historia Anglicana ecclesiastica, auct. Nic. Harpsfeldio. *Duaci*, 1622, in-fol. v. br.

274. Philippi a Limborch Historia Inquisitionis. *Amst.*, 1692, in-fol. br.

275. Acta sanctorum ord. S. Benedicti in sæculor. classes distributa, collegit L. d'Achery, edidit Joa. Mabillon. *Lut. Par.*, 1668, in-fol. 9 vol. v. br.

276. Acta primorum Martyrum sincera et selecta, operâ et studio D. Theod. Ruinart. *Amst.*, 1713, pet. in-fol. d.-rel. non rog.

277. Eadem. v. br.

278. Acta Martyrum, operâ ac studio Theod. Ruinart. *Veronæ*, 1731, in-fol. v. br.

279. Vitæ Patrum, operâ et studio Her. Ros-weidi. *Antuerpiæ, ex offic. Plantin*, 1628, in-fol. v. fil.

280. Legenda sanctorum, a Fr. Claudio a Rota. *Rothomagi*, 1546, pet. in-fol. bas.

281. Platynæ historia de vitis Pontificum. *Venetiis*, 1504, pet. in-fol. v. f.

282. Historia summorum Pontificum..., per eorum numismata, a Claudio du Molinet. *Lutetiæ*, 1679, in-fol. fig. v. br.

283. Historia summorum Pontificum..., per eorum numismata. *Lutetiæ*, 1679, in-fol. fig. v. br.

284. Vitæ et res gestæ Pontificum romanorum et S. R. E. cardinalium a Clemente X usque ad Clementem XII, scriptæ a Mar. Guarnacci. *Romæ*, 1654, in-fol. fig. 2 vol. v. m.

285. Gallia purpurata qua cum summorum Pontificum, tum omnium Galliæ cardinalium, res præclare gestæ continentur..., operâ P. Frizon. *Lutetiæ Paris.*, 1638, in-fol. v. f. fil.

268	46	„	Fechner
269	4	10	
270	8	„	Toulouse
1	5	„	Albanel
2	6		
3	6	„	Silvestre
4	2	40	V.
5	85	„	Méquignon
6	8	60	id
7	8	50	id
8	22	„	Martin (M. R.)
9	5	05	Martin (Pierr.)
280	2	„	id id
1	1	80	
2	6	„	abrit
3	5	95	id
4	10	50	Coquem
5	4	„	Méquignon
268	40	„	Méquignon
269	3	85	Tabori
279	4	60	albanel

286	5	20	abru
7	3	50	ductu
8	4	95	abru
9	6	50	V
290	7	"	Vi
1	5	"	celbanel
2	5 ~~19~~	05	~~tabarie Silvestre~~
3	3	95	Toulouge
4	17	50	hau
5	8	"	
6	2	05	hau
7	8	05	V
8	5	"	Mertin (nest.)
9	4	20	Mertin (inst)
300	2	"	10 10
1	1	70	Goduert
286)	3	05	abru
287)	1	50	tabartu
288)	4	60	abru

286. Histoire de Evesques de l'église de Metz, par le P. Meurisse. *Metz*, 1634, in-fol. v. f. fil.

+ 287. Series et acta Episcoporum Cadurcensium, auct. Guil. de Lacroix. *Cadurci*, 1625, in-4, vél. *Jutu 6*

288. Les vies des Évêques du Mans, par F. Bondonnet. *Paris*, 1651, in-4, vél.

+ 289. Chronologia Præsulum Lodovensium, auct. J. Plantavitio de la Panse. 1534. pet. in-4 v. m. (Avec une lettre de autogr. de Plantavit de la Panse au cardinal de Richelieu.) — De Origine et Fundatione monasticorum ordinum, per Joa. Creccelium. *Francofurti*, 1614, pet. in-4 vél. *Juttt. 6*

290. Abrégéde l'Histoire de l'ordre de S. Benoist. *Paris*, 1684, in-4, 2 vol. v. br.

291. Bibliotheca Benedictino Casinensis, auct. D. Mar. Armellini. *Assisii*, 1731. ═ Catalogi III Episcopor. reformatorum et virorum sanctitate illustrium è congregat. Casinensi, aut. eodem. *Ibid.*, 1733. pet. in-fol., 2 part. en 1 vol. v. br.

292. Apostolatus Benedictinorum in Anglia, aut. Clem. Reynero. *Duaci*, 1626, pet. in-fol. v. f.

293. Aquila Imperii Benedictina. auct. Gab. Bucelino. *Venetiis*, 1651, in-4 fig. vél.

294. Ang. Manrique annales Cistercienses. *Lugduni*, 1642, in-fol., 4 vol. v. br.

+ 295. Menologium, Regula, constitut. et privil. ord. Cisteriensis, auct. Chr. Henriquez. *Antuerpiæ, ex off. Plantin.*, 1630, in-fol., 2 part. en 1 vol. v. br. *iutr. 6*

296. Fasciculus Sanctorum ord. Cisterciensis, auct. Chr. Henriquez. *Bruxellæ*, 1624, in-fol, 2 tom. en 1 vol. vél. (mouillé.)

297. Bibliotheca Patrum Cisterciensium, labore et studio Bertr. Tissier. *Bonofonte*, 1660, in-fol., 8 tom. en 4 vol. v. br.

+ 298. Scriptores ordinis minorum, recensuit Fr. Lucas Waddingus. *Romæ*, 1650, in-fol. v. br. *iutr. 10*

+ 299. Annali de' fratri minori Cappuccini, comp. dal R. P. Zacc. Boverio. *Venetia*, 1643, in-4, 2 vol. v. br. *iutr. 6*

+ 300. Historiarum Camaldulensium libri III, Aug. Florentino, auct. *Florentiæ*, 1575, pet. *in-4*, v. b.. *iutr. 3*

301. Bibliotheca Dominica à Fr. Ambrosio de Altamura. *Romæ*, 1677. ═ Status rerum memorabilium tam ecclesisticarum, quam politicar., ac etiam edificiorum civitatis

Neapolitanæ, auct. abb. Fr. de Magistris. *Neapoli*, 1678, pet. in-fol. parch.

302. Scriptores ordinis Prædicatorum, recensiti et notis illustrati, à Jac. Quetif. *Lutetiæ Paris.*, 1719, in-fol., 2 vol. v. m.

303. Chronica de los descalceos de la Trinitad, redentores de Cautivos. Primera parte compuesta por el P. Fr. Diego de la Madre de Dios. *Madrid, J. Martin de Barrio*, 1652. — Segunda parte, comp. por el P. Fray Alexandro de la Madre de Dios. *Alcala de Henares, Jul. Garcia Briones*, 1706. — Tercera parte, comp. por el mismo. *Madrid, I. R.*, 1707, pet. in-fol., 3 vol. v. f. à compart. T. 15 - Q. 30

304. Bibliotheca Præmonstratensis ordinis, auct. Joa. Le Paige. *Parisiis*, 1633, in-fol., 2 tom. en 1 vol. v. br. fil.

305. Historia jesuitica, Rod. Hisponiano auct. *Tiguri*, 1619, pet. in-fol. vél.

306. Historia societatis Jesu (tom. II ab 1591 ad 1616) auct. Jos. Juvencio. *Romæ*, 1710, in-fol. v. m.

307. Societas Jesu usque ad sanguinis et vitæ profusionem militans contra Gentiles, pro Deo, fide, ecclesia, pietate, sive Vita et mors eorum qui ex societate Jesu violenta morte toto orbe sublati sunt, auct. R. P. Tanner *Pragæ*, 1675, pet. in-fol. fig. bas. rac.—Bibliotheca scriptorum soc. Jesu à Pet. Ribadiniero, nunc edita à Ph. Alegambe. *Antuerpiæ*, 1643, pet. in-fol. v. br.

308. Militaris ordinis Johannitarum, Rhodiorum, Melitentensium equitum, res memorabiles, terra marique…. auth. Henr. Pantaleone. *Basileæ*, 1581, pet. in-fol. fig. bas. rac. fil.

309. Histoire des chevaliers de S. Jean de Jérusalem, par P. Boyssat. *Lyon*, 1612, pet. in-4, 2 tom, en 1 vol. v. fleurdelisé. — Histoire des Chevaliers de l'ordre de S. Jean de Jérusalem, par Baudoin. *Paris*, 1643, in-fol. v. br. fil.

310. Histoire des chevaliers de Malte, par Vertot. *Paris*, 1726, in-4, fig. gr. pap., 4 vol. v. br. Q - 18

311. Statuti della sac. Religione di S. Giov. Gerosolimitano da fra Ant. de Paula, *Borgo-Nuovo*, 1719, pet. in-fol. v. br.

312. Le Martyrologe des chevaliers de S. Jean de Hierusalem dits de Malte, par Matth. de Gussancourt. *Paris*, 1643, in-fol., fig. v. f. (fatigué.)

313. Histoire critique de l'ordre des chevaliers du Temple. *Paris*, 1789, in-4, 2 vol. bas. m. — Histoire des ordrés

302	6	80	nuyuiguwn
303	33	"	V.
304	2	"	Gérant
305	1	50	V.
306.	3	50	hen
307.	26	50	~~For~~ Silvestre
308	1	80	defloraru
309	4	75	Martin (ars)
310	19	50	malafait
311.	11	50	
312	5	50	Martin
313	12	"	V.
314 D.	18	"	Martin (quart.)

314	7	"	Tabariu
315	3	"	U.
316	4	30	defloriem
317	17	50	Mosleus
318	39	50	Toulouye
319	6	95	וד
320	3	60	יד
321	2	80	Tabariu
			וד
322	2	55	
323	7	"	/
324	7	80	Tabariu
5	4	20	וד
6	3	50	יד
7	7	70	matbin
8	5	"	ortinne
315	3	40	
316	1	25	

de N. D. du Mont Carmel et de S. Lazare de Jérusalem, par Gautier de Sibert. *Paris*, 1772, in-4 v. br.

314. Catalogue des chevaliers de l'ordre du S. Esprit. *Paris*, 1760, in-fol. pap. de Holl. .v. m. fil. tr. dor.

315. Statuts et Catalogue des chevaliers de l'ordre du S. Esprit. 1733, in-fol. v. br.

316. Statuts de l'ordre du S. Esprit. *Paris*, I. R. 1740, in-4 mar. rou. fil. tr.dor.

III. HISTOIRE ANCIENNE ET ROMAINE. — HISTOIRE HÉRALDIQUE.

347. Flavii Josephi opera quæ extant, gr. et lat. *Aureliæ Allobr.*, 1611, in-fol. v. f.

318. Eadem, gr. et lat. recensuit Joa. Hudsonus. *Oxonii*, è *Th. Sheld.*, 1720, in-fol., 2 vol. v. br.

319. Histoire des Juifs par Flavius Joseph, trad. par Arnauld d'Andilly. *Amst.*, 1700, in-fol. fig. v. f.

320. De Republica Hebræorum, libri VIII, auct. J. St. Menochio. *Parisiis*, 1648, in-fol. v. br.

321. Egesippi de Rebus Judæorum, lib. V, Ambrosio interprete. *Coloniæ*, 1530 (piqué.) = Philonis Jud. opera (lat.) *Basileæ*, 1527. = Pii Pont. max. Decadum Blondi Epitome. *Basileæ*, 1533, in-fol. v. br.

322. Pausaniæ veteris Græciæ descriptio. Rom. Amasæus vertit. *Florentiæ*, 1551, in-fol. parch. reglé.

323. Pausaniæ accurata græciæ descriptio, græce, cum vers. lat. Guil. Xilandri. *Francofarti*, 1583, in-fol. v. f.

324. Herodoti historiarum, libri IX, gr., cum Vallæ interpr. latina 1618, in-fol. v. rac.

325. Les histoires d'Hérodote, mises en françois par Duryer. *Paris*, 1645, in-fol. v. br. fil. — L'histoire de Thucydide de la guerre du Péloponèse continuée par Xénophon, trad. par Perrot d'Ablancourt. *Paris*, 1662, in-fol. v. m. dent. aux armes.

326. Xenophontis opera à viris doctiss. latinitate donata. *Basileæ*, 1534. = Plutarchi opuscula à viris doct. latin. donata. *Basileæ*, 1537, pet. in-fol. rel. en bois.

327. Xenophontis quæ extant omnia græce, et lat. cum annotat. H. Stephani. 1581, in-fol., 2 vol. v. br. fil. (mouillé.)

328. Arriani expeditionis Alexandri, libri VII, et Historia

346	4	75	
7	12	"	durin (n.d.v.
7. bis	8	50	ortann
8	4	"	v
9	4	70	.
350	5	"	Leber
1	6	"	abir
2	7	"	id
3	3	60	id
4	10	"	Tabarte
5	2	5	id
6	3	5	.
7	4	50	
8	3	4	abir
9	5	"	n.
360	3	50	abir
1	2	40	id
2	1	85	deflorine
349	3	80	ortann
364	2	75	

346. De Vitis Imperatorum et Cæsarum Romanorum auct. Oct. de Strada à Rosberg. *Francof. ad Mœn.*, 1615, pet. in-fol. fig. v. br. fil.

347. Dionysii Halicarn. scripta quæ extant omnia, gr. et lat., operâ et studio Frid. Sylburgii. *Lipsiæ*, 1691, in-fol., 2 tom. en 1 vol. vél.

347 *bis*. Eadem. *Francof.*, 1586, in-fol. v. br.

348. Notitia utraque cum Orientis tum Occidentis ultra Arcadii Honoriique Cæsarum tempora, illustre vetustatis monumentum. *Basileæ Froben*, 1552, pet. in-fol. fig. vél.

349. Notitia dignitatum utriusque Imperii Orientis scilicet et Occidentis ultra Arcadii Honoriique tempora, et in eam G. Panciroli commentarium. *Genevæ*, 1623, in-fol. fig. v. br.

350. Th. Hopingi de insignium sive Armorum prisco et novo usu Tractatus. *Noribergæ*, 1642, in-fol. v. f. fil.

351. Introduction à la science du Blason. fig. — Livre du Blason contenant une explication des métaux et couleurs. *Paris, Vaneck*, fig. 2 br. in-fol.

352. La Science héroïque, par Marc de Wlson de la Colombière. *Paris*, 1669, in-fol. fig. br.

353. Le Blason des Armoiries, par H. de Bara. *Paris*, 1628, pet. in-fol. fig. vél.

354. Theatrum genealogicum ; ingenio et labore Hier. Henninges. *Magdeburgi*, 1598, in-fol., 4 vol. rel. en peau.

355. Catalogus gloriæ mundi D. Barth. Chassanœi. *Francofurti ad Mœn.*, 1612, in-4 vél.

356. Indice armorial par L. Géliot. *Paris*, 1635, in-fol. fig. col. v. f. fil.

357. Le Vray théâtre d'honneur et de chevalerie par Vulson de la Columbière. *Paris*, 1648, in-fol. v. br. fil.

358. Trésor héraldique, par Ch. Ségoing. *Paris*, 1657, in-fol. v. br. fil.

359. Historia insignium illustrium seu opus heraldicum, auct. Ph. Jac. Spenero. *Francofurti ad Mœn.*, 1717, in-fol. v. br.

360. Genealogiæ Imperator., Regum, Ducum, comitum præcipuorumq. alior. procerum orbis christiani, à Nic. Rittershusio. *Tubingæ*, 1664, in-fol. v. br.

361. Tables genéalogiques et historiques des patriarches, des Rois, des Empereurs, etc., par Cl. de l'Isle. *Paris*, 1718, gr. in-4 v. m.

362. Généalogie ascendante de tous les Rois et princes de l'Europe, actuellement vivans. *Berlin*, 1768, in-fol. parch. vert.

363. Alliances généalogiques des Rois et Princes de Gaule, par Paradin. *Lyon*, 1561, in-fol. fig. v. m. dent. (mouillé.)

364. Carte généalogique de la maison roy. de Bourbon, par Ch. Bernard. *Paris*, 1633, in-fol. fig. vél.

365. Généalogie de la maison roy. de Bourbon, par Ch. Bernard. *Paris*, 1646, in-fol. fig. vél. (mouillé.)

366. La véritable origine de la maison royale de France, par du Bouchet. *Paris*, 1646, in-fol. v. f. fil.

367. Genealogiæ Franciæ plenior assertio, auct. Dav. Blondello. *Amst.*, 1654, pet. in-fol., 2 vol. v. br.

368. Histoire généalogique de la maison royale de France, par le P. Anselme. *Paris*, 1726, in-fol. gr, pap. 9 vol. v. br.

369. Armoiries des Princes et Princesses de la maison royale, des Pairs de France et des Commandeurs de l'ordre du S. Esprit, vivans en 1736. *Paris*, in-fol. cart.

370. Histoire généalogique des comtes de Chamilly de la maison de Bouton. *Dijon*, 1671, in-fol. parch.

+ 371. Histoire généalogique de la maison du Châtelet, par D. Aug. Calmet. *Nancy*, 1744, in-fol. fig. v. m. fil. DN. 6

372. Preuves de l'histoire de la maison de Coligny, par du Bouchet. *Paris*, 1662, in-fol. v. br.

373. Considérations sur la généalogie de la maison de Lorraine, par L. Chantereau Lefebvre. *Paris*, 1642, in-fol. v. f. fil. (1ᵉ part.)

374. Extrait de la généalogie de la maison de Mailly. *Paris*, 1757, gr. in-4 v. m.

375. Della famiglia Fiesca da Fed. Federici. *s. l.* in-fol. vél.

376. (Armoiries des) Gouverneurs, Lieutenans de Roy, Prévots des marchands, Echevins, Procureurs. Avocats du Roy, Greffiers, Receveurs, Conseillers et Quartiniers de la ville de Paris, gravées par Beaumont, in-fol. fig. v. m. dent. tr. dor.

377. Les Prevots des marchands, Echevins, Procureurs du Roy, Greffiers et Receveurs de la ville de Paris. Recueil d'armoiries, coloriées, découpées et collées sur papier, form. 1 vol. in-fol., rel. en v. br.

+ 378. Généalogie des comtes de Provence, par Fr. du Fort. *Aix*, 1598, pet. in-4 mar. rou. fil. tr. dor. aux armes.

379. Histoire généalogique de la noblesse de Touraine, par le Chᵉʳ de l'Hermite-Souliers. *Paris*, 1665, in-fol. v. br.

380. Statuts et Priviléges de la noblesse de la Basse Alsace. *Strasbourg*, 1713, pet. in-fol. v. br. (allem. et franç.)

363	6	20	abri
364 } 365 }	3	of	tabari
366	1	60	Tabari
7	2	60	
8	81	"	mrti
9	4	05	
370	2	95	Tabari
1	5	80	abri
2	2	"	
3	1	"	Tabari
4	1	50	abri
5	1	30	
6	4	"	abri
7	14	"	
8	4	95	mrti
9	7	20	crozen
380	1	of	fayoly
363			abri
3	1	60	
371	6	85	Tabari
371	6	55	mrti

8 a abri

376 ? mars 7.

387   4   of ... alr...
2   10   fu   Teilinus
3   . 7   of   Tabois
4   1. 86 --   . 79
5   1   of   id
6   3   .   Tabonid
7   2   Tabonin

4   2   30   )
9   5   .   Literne
390   16   fu   Crozet

391 .   1   40   Tabonid
2 bis   3   .
2   14   .   Auster
391 bis 2   . ...   Auterfuil
386   2   .   . Tabonid
         2   5
         . ...

581. Le Recueil des Armes de plusieurs nobles maisons et familles de France. *Paris, Cl. Magseney*, 1633, pet. in-fol. fig. vél. (titre raccomm.)

582. Recherche des Antiquitez de la noblesse de Flandres, par Ph. de L'Espinoy. *Douai*, 1632, in-fol. v. br. fil.

583. Genealogia comitum Flandriæ, auct. Oliv. Vredio. *Brugis Fland.*, 1642, pet. in-fol. fig. 2 vol. vél.

584. Stemmatum Lotharingiæ ac Barri Ducum, auth. Franc. de Rosieres. *Parisiis*, 1580. in-fol., 7 tom. en 1 vol. v. f. fil.

585. Gentium et familiarum Romanarum stemmata Rich. Streinnio auctore. *Excud. H. Stephanus*, 1559, in-fol. vél.

586. Généalogie et Lauriers des comtes de Nassau. *Leyde*, 1615, pet. in-fol. fig. v. dent. tr. dor. fleurdelsié

587. Jac. Wilh. Imhofii notitia S. Rom. Germanici Imperii procerum tam ecclesiasticor. quam secularium, in supplement. operis genealogici Rittershusiani. *Tubingæ*, 1693. == Regum pariumque magnæ Britanniæ historia genealogica, studio ac operâ J. W. Imhoff. *Norimbergæ*, 1690, in-fol. v. br.

588. Genealogia Austriæ Ducum, Archiducum, Regum et Imperatorum, auth. Oct. de Strada à Rosberg. *Francofurti*, 1629, in-fol. v. br.

589. Theatrum nobilitatis Suecanæ, autore Messenio. *Holmiæ, Suceorum*, 1616. == Genealogia ill. Comitum Nassoviæ, à J. O. *Lugd. Batav.*, 1616, pet. in-fol. v. f. fil.

590. Le Blason des armoiries de tous les chevaliers de l'ordre de la Toison d'or, par J. B. Maurice. *Lahaye*, 1665, in-fol. fig. v. br. — Les Armes et Blasons des chevaliers de l'ordre du S. Esprit, par Jac. Morin. *Paris*, 1623, pet. in-fol. fig. vél.

IV. HISTOIRE DE FRANCE.

591. Traité de l'origine, progrès et excellence du royaume de France, par Cl. Dumoulin. *Lyon*, 1561, pet. in-4 v. br.

591 bis. Joa. Limnæi notitia regni Franciæ. *Argentorati*, 1655, pet. in-4, 2 vol. v. br.

+ 592. Had. Valesii notitia Galliarum. *Parisiis*, 1675, in-fol. v. br. DN - 15

393. L'Empire françois, par Laur. Turquoys. *Orléans*, 1651, in-fol. v. f. fil.

394. Description de la France, par Longuerue. *Paris*, 1719, iu-fol. v. br.

395. Les beautés de la France, par N. de Fer. *Paris*, 1708, in-fol. fig. v. br.

396. Etat de la France, par le comte de Boulainvilliers. *Londres*, 1727, in-fol., 3 vol. v. m. fil.

397. Ant. Dad. Alteserræ et notæ observationes in X libros historiæ Francorum Gregorii Turon. *Tolosæ*, 1679, in-4 v. br.

398. Histoire critique de l'établissement de la monarchie françoise dans les Gaules, par Dubos. *Paris*, 1734, in-4, 3 vol. v. br.

399. Des antiquités de la monarchie françoise, par Legendre. *Paris*, 1741, in-4, v. br.

400. Les antiquitez gauloises, recueillies par le prés. Fauchet. *Genève*, 1611, in-4 vél.

401. Galliæ antiquitates quædam selectæ, atq. in plures epist. distrib. *Parisiis*, 1733, in-4 fig. v. m.

402. Essai sur les mœurs des François, par Sauvigny. *Paris*, 1785, in-8, 9 vol. d.-rel.

403. Aimoini Monachi libri V de Gestis Francorum, chronicon Casinense Leo. Marsicani, studio et operâ Jac. du Breuil. *Parisiis*, 1603, in-fol. v. br.

484. Pauli Æmilii de rebus gestis Francorum libri X. *Parisiis*, 1544, in-fol. v. br. fil.

405. Mémoires des Gaules, par Sc. Dupleix. *Paris*, 1660, in-fol. v. m. dent.

406. Compendium Rob. Gaguini super Francorum gestis. *Pariisis*, 1500, pet. in-fol. bas.

407. Les grandes chroniques et annales de France, par Nic. Gilles. *Paris*, 1541, pet. in-fol. goth. fig. en bois. v. br. (sans titre, et mouillé.)

408. Originum Francicarum libri VI, auct. J. Is. Pontano. *Hardervici*, 1596, pet. in-4, v. br.

409. Histoire des Gaules, par Ant. de Lestang. *Bourdeaus*, 1618, in-4 vél.

410. Histoire de France, par Fr. de Mézeray. *Paris*, *Guillemot*, 1643, in-fol., 3 vol. mar. bleu, fil. tr. dor. reglé. (le titre du tom. 1ᵉʳ manque.)

411. La même. v. br.

393	1	50	Tabour
4	4	50	[illegible]
5	3	40	Tubour
6	13	50	Techner
7	1	of	id
8	0	of	Tabour
9	2	95	matour
400	4	"	Tabour
1	3	50	Anrin (Jur)
2	12	50	Joup
3	6	70	Techner
4	2	of	Tabour
5	3	..	id
6	2	45	id
7	4	50	id
8	1	45	[illegible]
9	4	50	Techner
410	120	50	croyer
1	38	"	id
400	2	95	Tabarin
399	2	95	id
405	1	95	id
406	2	95	[illegible]

412	2	75			
3	9	50	Talorier		
4	6	95	maguier		
5	5	"			
6	11	"	Taborie		
7	4	"	id		
8	4	82			
9	3	15			
420	3	"			
1	4	50	Leber		
2	39	50	Taborie		
3	1	25	deflorenne	Austin DN	
4	2	25	croyer		
5	4	50	V.		
6	2	15			
7	4	"	V.		
8	8	"	croyer	8 " Austin	
9	2	80	Taborie		
430	5	50	Austin	428 D.	
418	3	"	Taborie	428 ?. .... 5 .... Faburet	
418	3	40	µ.		
418	3	20			

412. Le véritable inventaire de l'histoire de France, par J. de Serres. *Rouen*, 1668, in-fol., 2 vol. bas.

413. Histoire de France, par le P. Adr. Jourdan. *Paris*, 1679, in-4, 3 vol. v. br.

414. Histoire de France, par le P. Daniel. *Paris*, 1722, in-4, 7 vol. v. br.

414. Annales de la monarchie française, par de Limiers. *Amst.*, 1724, in-fol. fig. gr. pap., 2 tom. en 1 vol. v. m. fil.

416. Histoire de France, par Velly, Villaret et Garnier. *Paris*, 1770, in-4 fig., 14 vol. v. br.

417. La France métallique, par Jacq. de Bie. *Paris*, 1636, in-fol. fig. v. br. fil.

418. Recueil des Roys de France, leurs couronne et maison, par Dutillet. *Paris*, 1618, in-4 vél.

419. Histoire des Rois de France, par N. Defer. *Paris*, 1722, in-4, fig. v. br.

420. Les augustes représentations des Roys de France, depuis Pharamond jusqu'à Louis XIV. *Paris*, 1679, in-4 portr. v. br.

421. Aquila inter Lilia sub qua Francorum Cœsarum à Carolo Magno usque ad Conradum imp. Occid. X, elogiis, hieroglyphicis, numismat. insignibus, etc., exarantur, auct. Joa. Palatio. *Venetiis*, 1671, in-fol. fig. v. br.

+ 422. Thrésor des antiquitez de la couronne de France représentées en figures. *Lahaye*, 1745, in-fol., 2 vol. v. m. Ars.

423. Traité de la majorité de nos Rois, par Dupuy. *Paris*, 1655, in-4 v. f. fil.

424. Eloges de nos Rois et des Dauphins de France, par Hilarion de Coste. *Paris*, 1642, in-4 mar. r. fig. tr. dor.

425. Historia delle guerre civili di Francia di H. C. Davila. *Parigi, St. R.*, 1644, in-fol. gr. pap., 2 vol. rel. en peau.

426. La Stessa. 1646. in-fol. v. f. fil.

427. H. C. Davila de bello civili Gallico historiarum libri XV; ex ital. latinos reddidit Pet. Franc. Cornazanus. *Romæ*, 1735, in-fol., 3 vol. v. rac.

+ 428. Histoire des guerres civiles de France, par Davila. *Amst.*, 1657, in-4, gr. pap., 3 vol. v. m. DN. 12.

429. Mémoires pour servir à l'histoire de France et de Bourgogne. *Paris*, 1729, in-4 v. br.

430. Pièces fugitives pour servir à l'histoire de France (par d'Aubais). *Paris*, 1759, in-4, 3 vol. v. br.

431. Joa. Labardæi de rebus Gallicis historiarum lib. X. *Parisiis*, 1671, in-4 v. br.

+ 432. Reges Francorum Merovingici, documentorum authoritate asserti à Gerhardi. *Luneburgi*, 1736, pet. in-4 v. m.

433. L'histoire des neuf Rois Charles de France, par Franc. de Belle-Forest. *Paris*, 1568, in-fol. v. br.

434. Belli sacri historia lib. XXIII, Gul. Tyrio auct. *Basileæ*, *s. a.* in-fol. v. br.

435. L'histoire ou Chronique de Geoffroy de Ville-Harduin, contenant la conquête de Constantinople... de nouv. mise en françois. *Lyon*, 1601, in-fol. vél.

436. Histoire de Charles VI, par l'abbé de Choisy. *Paris*, 1695, in-4, v. gr. fil.

437. Histoire de S. Louis. *Paris*, 1688, in-4, 2 vol. v. br.

438. Histoire de Charles VII, par J. Chartier, mise en lumière par Den. Godefroy. *Paris*, I. R., 1661, in-fol. v. br.

439. Le 1ᵉʳ (2ᵉ et 3ᵉ) vol. de Messire Jehan Froissard, lequel traicte des choses dignes de mémoire advenues ès pays de France, Angleterre, Flandres, etc., *nouvell. imprimé à Paris* en 1530, pet. in-fol. goth. v. f. (mouillé.)

440. Chroniques d'Enguerran de Monstrelet. *Paris*, 1603, in-fol., 2 vol. v. m.

441. Les Mémoires de Phil. de Commines, revus par D. Sauvage. *Paris*, 1561, pet. in-fol. v. br.

442. Les mêmes, revus par D. Godefroy. *Paris*, I. R., 1649, in-fol. v. f. fil.

443. Histoire de Louis XII, par J. d'Auton, revue par Th. Godefroy. *Paris*, 1615, pet. in-4 vél.

444. Histoire de Louis XII, par de S. Gelais, rev. par Th. Godefroy. *Paris*, 1622, pet. in-4 vél.

445. Mémoires pour servir à l'histoire de Charles IX et de Henri IV. *Paris*, 1745, in-4 v. m. fil.

+ 446. Recueil de pièces mémorables touchant les guerres, massacres et troubles, tant en France qu'autres pays, de 1559 à 1570, représent. en 38 planch (par Périssin) in-fol. parch.

447. Les Mémoires de Martin et Guill. du Bellay. *Paris*, 1569, in-fol. v. f.

448. Histoire des troubles de France sous Henri III, Henri IV et Louis XIII. *Paris*, 1622, pet. in-4 v. br.

449. Histoire de la maison de Bourbon, par Desormeaux. *Paris*, 1772, in-4, 5 vol. v. m.

+ 450. Mémoires de la Ligue. *Amst.*, 1764, in-4, 6 vol. v. m. *DN.*

431	1	20	
2	2	50.	*Mortis (...)*
3	5	„	*Techow*
4	4	95	
5	3	10	*Defloramm*
6 }	2	80	
7 }			
8	6	„	*Techow*
9	3	„	*tabarie*
440	25	–	
441	2	60	
2	4	95	
3	1	–	
4	1	„	*Durand*
5	2	80	*Tabarie*
6	44	„	*ausgay*
7	3	„	*Taborie*
8	2	15	
9	8	„	*Durand N. Braun 15*
450	17	„	
443 D.	2	50	*Certain*
445 D.	2	60	*taborie*
438	3	95	

451	lo	50	O'
451 64	4	55	O
452	1	60	Matthäi
3	2	20	M
4	7	"	
5	2	"	Martin (Miller)
6	6	60	Martin (:d)
7	I	50	Leber ~~[illegible]~~
8	4	"	Martin ([illegible])
9	5	"	:d . :d.
460 / 1	7	50	anselm
2	2	3y	O.
3	2	"	V
4	9	60	
5	5	45	
6	4	45	O
7	7	80	[illegible]
8	4	"	
9	1	50	V.
470	1	90	Leber
1	9	"	melahut / cretaien
451 d.	19	"	
452 d	1	40	O.
455 d. buch	5	"	Talaut
459 7	3	40	
459	3	40	
459	-2	80	V
459	3	80	— magier

451. Mémoires de Sully. *Londres*, 1745, in-4, 3 vol. v. br.
451 *bis*. 2ᵉ ex. v.

452. Recueil de ce qui s'est passé aux Etats tenus en 1614, par Florimond Rapine. *Paris*, 1651, pet. in-4 v. m.

453. Histoire de Louis XII, par Cl. Malingre. *Paris*, 1616, in-4 v. br. fil.

454. Histoire de Louis XIII (par Levassor). *Amst.*, 1757, in-4, 7 vol. v. m.

455. Histoire de Ph. de Mornay. *Leyde, Elzev.*, 1647, in-4 v. br.

456. Mémoires de Ph. de Mornay. *Elzevir*, 1652, 2 vol. v. br.

457. Recueil de Mémoires et Instructions servant à l'histoire de France (Mém. d'Espernon). *Paris*, 1626, pet. in-4 v. br.

458. Eloges et Discours sur la triomphante réception du Roy en sa ville de Paris après la réduction de la Rochelle. *Paris*, 1629, pet. in-fol. fig. vél.

459. Entrée triomphante de Louis XIV et de Marie-Thérèse dans la ville de Paris en 1662. *Paris*, in-fol. fig. v. br.

460. Alex. Patricii Mars Gallicus. 1635, petit in-fol. bas.

461. Lettres et Mémoires du maréchal de Turenne, publ. par de Grimoard. *Paris*, 1781, in-fol., 2 vol. br.

462. Histoire du règne de Louis XIV, par de Limiers. *Amst.*, 1720, in-4, 3 vol. v. br.

463. Histoire de France sous le règne de Louis XIV, par Larrey. *Rotterd.*, 1722, in-4, 2 vol. v. br.

464. Histoire du règne de Louis XIV, par Réboulet. *Avignon*, 1744, in-4.

465. Histoire de la vie et du règne de Louis XIV, par Bruzen de Lamartinière. *Lahaye*, 1740, in-4, gr. pap., 5 vol. v. m. fil.

466. Histoire de la vie et du règne de Louis XIV, par de la Hode. *Francfort*, 1740, in-4, 6 vol. v. br.

467. Médailles sur les principaux événemens du règne de Louis-le-Grand. *Paris, I. R.*, 1702, in-fol. fig. mar. vert, fil. tr. dor. aux armes.

468. Médailles sur les principaux événemens du règne de Louis XIV. *Paris*, 1702, in-4 fig. v. br.

469. Annales bellici et triumphales Ludovici Magni, *s. a.* pet. in-fol. mar. rou. fil. tr. dor. (incompl. de la fin.)

470. Analyse de l'histoire militaire du règne de Louis-le-Grand. Tableaux collés sur papier. in-fol. v. m.

471. Histoire littéraire du règne de Louis XIV, par l'abbé Lambert. *Paris*, 1751, in-4, fig., 3 vol. v. f.

472. Jugement de tout ce qui a été imprimé contre. le card. Mazarin (par G. Naudé), in-4 v. fin, fil. tr. dor.

472 *bis.* 3ᵉ ex. br.

473. Recueil de pièces diverses concernant l'histoire de France (Mazarinades, 1649), in-4, 14 vol. v. f.

+ 474. Discours sur les arcs triomphaux dressés en la ville d'Aix, à l'arrivée des ducs de Bourgogne et de Berry. *Aix*, 1701, pet. in-fol. fig. mar. rou. fil. tr. dor. aux armes.

+ 475. Les Réjouissances de la paix faites dans la ville de Lyon en 1660, pet. in-fol. fig. v. br. fil.

476. Histoire de l'édit de Nantes. *Delft*, 1693, in-4, 5 v. v. br.

477. Médailles du règne de Louis XV. *Paris*, pet. in-fol. fig. v. f.

478. Histoire des campagnes du Roi. *Paris*, 1751, pet. in-fol. fig. mar. rou. fil. tr. dor.

479. Histoire des conquêtes de Louis XV , par Dumortous. *Paris*, 1759, in-fol. fig. gr. pap. mar. vert fil. tr. dor.

479 *bis.* 2ᵉ ex. pet. pap. v. m.

480. Lettres du chev. d'Eon. *Londres*, 1764, in-4 v. éc. fil.

481. L'histoire ecclésiastique de la cour par Guil. de Peyrat. *Paris*, 1645, in-fol. v. f. fil.

482. De ducibus et comitibus provinc. Galliæ libri III, auct. Dadino Alteserra. *Tolosæ*, 1643, in-4 v. br.

483. Mémoires concernant les Pairs de France. *Paris*, 1720, in-fol. br. en cart.

484. Histoire chronologique de la grande Chancellerie de France, par Abr. Tessereau. *Paris*, 1676. in-fol. gr. pap. 2 vol. mar. rou. fil. tr. dor.

485. Histoire des connestables, chanceliers, gardes des sceaux, mareschaux, etc. de France, par J. le Feron, revue par D. Godefroy. *Paris*, I. R., 1658, in-fol. fig. v. m.

486. Nouvelles Annales de Paris, par Toussaint Duplessis. *Paris*, 1753, in-4. v. m.

487. Histoire de la ville de Paris, composée par Mich. Félibien, revue par Al. Lobineau. *Paris*, 1725, in-fol. fig. gr. pap., 5 vol. v. m.

488. Le Théâtre des antiquitez de Paris, par Jacq. du Breuil. *Paris*, 1612, pet. in-4 vél.

488 *bis.* Le même. 1629. in-4, vél.

+ 489. Histoire et Recherches des Antiquités de Paris, par H. Sauval. *Paris*, 1724, in-fol. fig. 3 vol. v. br.

472	2	95	Tabarié
2 bis	2	„	id.
3	27	„	tabarié
4	8	„	Leber
5	7	„	Martin (Henin)
6	4	„	Dabin
7	1	50	id.
8	1	75	id.
9	9	„	tatinus
9 bis	4	05	id.
480	1	55	id.
1	2	95	mathieu
2	6	„	tatinus
3	2	20	Gérard
4	5	05	mathieu
5	4	80	id.
6	1	45	dumoulin
7	26 . 50		Gérard
8	2	50	mathieu
8 bis	2	„	id.
9	17	„	Martin
472 9 p. ord.	1	50	mathieu
474 d. v. br.	5	„	Martin (Henin)
476 d. v. br.	3	30	Dabin
477 d.	1	15	id.

490	10	"	Mayeur
491	5	95	Dutot
2	3	95	?d
3	8	50	Dumoulin
4	6	50	Crozier
5	5	20	Dumoulin
5 bis	9	"	tabouret
6	5	15	?d
7	1	30	dumoulin
8	5	"	teinturier
9	4	80	Dumoulin
500	11	50	Crozier
501	6	"	Martin (Bordes)
2	8	50	dumoulin
3	3	60	
4	1	30	Dumoulin
5	1	55	?d
6	19	50	teinturier
7	2	70	Dumoulin
8	30	50	Crozier
9	3	"	Teinturier
510	2	70	Dumoulin
496 D	5	"	Tabouret
499 D	4	45	malafaut
501	4	95	Dumoulin
501 Jh.	4	"	

490. Histoire de l'abbaye de S. Denis, par Mich. Félibien.
  Paris, 1766, in-fol. fig. v. br.

491. Histoire de l'abbaye de S.-Germain-des-Prez, par Jac.
  Bouillart. *Paris*, 1724, in-fol. fig. v. br.

492. Description de l'église royale des Invalides. *Paris*, 1706,
  in-fol. fig. v. br. fil. tr. dor.

493. Annales de Bourgogne, par Guill. Paradin. *Lyon*, 1566,
  in-fol. vél.

494. De l'origine des Bourgongnons et antiquité des États de
  Bourgongne, par P. de S.-Julien. *Paris*, 1581, in-fol. v.
  br. (taché.)

495. Les Mémoires historiques de la république séquanoise,
  par L. Gollut. *Dijon*, 1647, in-fol. v. br.

495 *bis*. Les mêmes. *Dole*, 1692, vél.

496. Recueil de plusieurs pièces curieuses servant à l'histoire
  de Bourgogne, par Est. Perard. *Paris*, 1664, in-fol. v. br.

497. C. S. Schurzfleischii historia veteris regni populiq. Bur-
  gundiorum. *Wittenbergæ*, 1679, pet. in-4, d.-rel.

498. Dissertatio historica de Burgundiacis et Transjuranis, auct.
  J. Dan. Schœpflino. *Argentorati*, 1731, pet. in-4 vél.

499. Mémoires pour servir à l'histoire du comté de Bourgogne,
  par Dunod de Charnage. *Besançon*, 1740, in-4 v. m.

500. Histoire des ducs de Bourgogne, par A. Duchesne. *Paris*,
  1628, in-4 v. br. fil. (et en 1619.)

501. Histoire du Nivernois, par Guy Coquille. *Paris*, 1622,
  pet. in-4 v. m. fil. tr. dor.

502. Mémoires concernant l'Hist. ecclésiast. et civile d'Auxerre,
  par Lebeuf. *Paris*, 1743, in-4, 2 vol. v. f.

503. Histoire de l'église de Saint-Estienne de Dijon. *Dijon*,
  1696, in-fol. v. br.

504. Traité de la chambre des comptes de Dijon, par H. Joly.
  Dijon, 1653, in-fol. v. br.

505. J. J. Chiffletii Vesontio. *Lugduni*, 1620, in-4 v. br. f.

506. Histoire de la ville de Lyon, par le P. Ménestrier. *Lyon*,
  1696, in-fol. fig. bas.

507. Hagiologium Lugdunense, à Th. Raynaudo. *Lugduni*,
  1662, in-fol. bas.

508. Histoire de Bresse et de Bugey, par Sam. Guichenon.
  Lyon, 1650, in-fol., 2 vol. v. m.

509. Etat des villes, bourgs et paroisses, etc. des pays de Bresse,
  Bugey, etc. *Dijon*, 1760, in-fol. cart.

510. Mémoires pour servir à l'histoire de Dauphiné sous les

dauphins de la maison de la Tour-du-Pin. *Paris*, 1711,
in-fol. v. br.

+ 511. Histoire de Dauphiné et des princes qui ont porté le nom
de Dauphins. *Genève*, 1722, in-fol., 2 vol. v. f. DN. 12

512. Histoire du comté d'Evreux. *Paris*, 1732, in-4 v. f.

513. Histoire du diocèse de Bayeux, par Parmant. *Caen*, 1705,
in-4, v. br.

— 514. Histoire de Blois, par Bernier. *Paris*, 1682, in-4 v. br.

515. Histoire des pays et comté du Perche, par G. Bry. *Paris*,
1620, pet. in-4 v. br.

— 516. Histoire de Bretagne, par d'Hozier. *Paris*, 1638, in-fol.
v. f. fil.

517. Histoire de Bretagne, par d'Hozier. *Paris*, 1638, in-fol.
gr. pap. v. br. fil.

518. Figures de l'histoire de Bretagne de D. Alexis Lobineau,
in-fol. cart.

+ 519. Histoire des comtes de Poictou et ducs de Guyenne, par J.
Besly. *Paris*, 1647, in-fol. v. f. fil. (gâté par l'humidité.)

520. Chronique bourdeloise, par Gab. de Lurre. *Bourdeaux*,
1619, in-4 v. br.

521. Chronique bourdeloise, augmentée par Godefroy d'Es-
trades. *Bourdeaux*, 1672. = Supplément, par J. Darnal.
Ibid., 1666. = Privilèges des bourgeois de Bourdeaux.
Ibid., 1667, in-4 v. br.

522. Histoire de Bordeaux, par Dom de Vienne. *Bordeaux*,
1771, in-4 fig. v. m. (T. 1er.)

523. Histoire de Provence, par J. Fr. de Gaufridi. *Aix*, 1694,
in-fol., 2 tom. en 1 vol. bas. m.

— — 524. Dictionnaire de la Provence. *Marseille*, 1785, in-4, 2
vol. v. m.

425. Recueil des antiquités de Marseille, par Grosson, *Marseille*, 1773, in-4 fig. v. m.

426. Discours historial de l'antique et illustre cité de Nisme,
par J. Poldo d'Albenas. *Lyon*, 1559, pet. in-fol. fig. v. f.
426 bis.

— 527. Des Antiquités de Nisme, par Deyron. *Nisme*, 1663, pet.
in-4 v. br.

528. Antiquités de Nismes, par Ménard. *Paris*, 1758, in-4
v. m. fil.

— 529. Histoire de Nismes, par Ménard. *Paris*, 1750, in-4 fig.,
7 vol. v. br.

(fri	10	"	Merlin (Deno).
2	3	"	Dumoulin
4	2f	"	Dumoulin (
4	2f	id	Malafait double tt — f Dumoul...
5	80		Dumoulin
4	"		Dumoulin
10	"		p.
11	"		Techener
15	50		Dumoulin
9	f		Merlin (M. Leber.)
7	2f		Tabarie
2	20		Dumoulin
5	80		Techener
2	2f		Dumoulin
8	"		Tabarie
9	"		Tabarie
12	"		Crozet
8	ff		Cretaine ——— 8 — f
7	"		Techener
6	9f		id
3	15		Dumoulin
7	90		Malafait
22	"		Crozet

§ 30   Merlin —   7 —   „   ————
§ 30 d.   Dumoulin —   14 —   „   idem de § 30
§ 31   Dumoulin —   1 —   30
          id   1 —   55   idem de § 31
§ 32 —   id   ✓ —   „   idem

§ 32 bis Techener —   5 —   95   idem de § 32 bis
          Dumoulin —   5 —   25   idem de § 32 bis
          Dumoulin —   5 —   40   idem de § 32 bis
          Dumoulin —   4 —   „
§ 33   Techener —   4 —   „
§ 34   Techener —   7 —
§ 35   Dumoulin —   3 —   5   idem de § 35
          Malafait   3 —   „
§ 36   Techener   9 —   10   ————

§ 37   Tabarié   3 —   5

§ 38   Techener —   2 —   80   ————

§ 39   Dumoulin —   4 —   65
          Tabarié —   4 —   60   idem de § 39
          Mathieu —   4 —   20   idem de § 39
§ 40   Tabarié —   4 —   5
§ 41   Labot —   51 —   ————
§ 42   Techener —   10 —   50   ————

§ 43   Dutot —   7 —   50
          Tabarié —   18 —   „   idem de § 43

§ 44   Techener —   3 —   95   idem de § 44
          Tabarié —   4 —   45   idem de § 44
          Tabarié —   3 —   80
§ 45   Dumoulin —   3 —   80   idem de § 45
          Tabarié —   3 —   50   idem de § 45
§ 46   Techener —   21 —   „

§ 47   Dumoulin —   4 —   95   ————

                         1 —   95   idem de § 32 2 ex
                         2 —   15   idem de § 32 2 ex
                         3 —   35   idem de § 32 2 ex
                         4 —   „   idem de § 39 —

530. Histoire du Languedoc, par P. Andoque. *Béziers*, 1648, in-fol. v. f. fil.   *iust - 8*

531. De initiis Ecclesiæ forojuliensis, auct. Jos. Antelmio. *Aquis-Sextiis*, 1680, in-4 v. br.

532. Traité du comté de Castres, par D. Defos. *Tolosæ*, 1633, pet. in-4 v. br.

532 *bis*. Histoire de Foix, Béarn et Navarre, par P. Olhagaray. *Paris*, 1620, in-4 v. br. fil.

533. Les Annales de Foix, comp. par Guil. de la Perrière. *Tholose*, 1539, pet. in-4, fig. en bois. v. m. (Notes manus.)

534. Mémoires pour servir à l'histoire de Navarre et de Flandres, par Aug. Galland. *Paris*, 1648, in-fol. v. br. fil.

535. Histoire de Carcassone, par le P. Bouges. *Paris*, 1741, in-4 v. m.

536. Histoire du Gastinois, par D. Guil. Morin. *Paris*, 1630, in-4 vél.

537. Histoire de Melun, par Séb. Rouillard. *Paris*, 1628, in-4 parch.

538. Des Antiquitez de la ville de Corbeil, par Jean de la Barre. *Paris*, 1647, pet. in-4 parch.

539. Histoire de l'église de Maux, par Toussaint Duplessis. *Paris*, 1731, in-4, 2 vol. v. m. fil.

540. Mémoires des pays et comté de Beauvais par Ant. Loisel. *Paris*, 1617, in-4 v. br. *DN . 4*

541. De Morinis et Morinorum rebus, auct. J. Malbrancq. *Tornaci*, 1639, pet. in-4, 3 vol. v. br. *50*

542. Histoire de Cambray, par J. Lecarpentier. *Leyde*, 1664, in-4 fig., 2 vol. v. br.   *5*

543. Description de Dunkerque, par P. Faulconnier. *Bruges*, 1730, in-fol. fig., 2 tom. en 1 vol. v. m.

544. Les châtelains de Lille, par Floris Vander Haer. *Lille*, 1611, pet. in-4 vél.

545. L'Aug. basilique de l'abbaye roy. de Saint-Arnoul de Metz, par A. Valladier. *Paris*, 1615, in-4 vél.

546. Histoire de la province d'Alsace, par Laguille. *Strasbourg*, 1727, in-fol., 2 part. en 1 vol. mar. rou. fil. tr. dor.

V. HISTOIRE D'AUTRES PAYS D'EUROPE. — HISTOIRE D'ASIE, D'AFRIQUE, D'AMÉRIQUE, ETC.

547. Thesaurus historiæ Helvetiæ. *Tiguri*, 1735, in-fol. vél.

548. Histoire des Suisses, par Mallet. *Genève*, 1803, in-8, 4 vol. br.

549. Description des Alpes, par Albanis Beaumont. *Paris*, 1802, in-4, 2 vol. br.

550. Italia di Gio. Ant. Magini. *Bononiœ*, 1620, in-fol. fig. vél.

551. Ath. Kircheri Latiuum, id est nova et parallela Latii tum veteris tum novi descriptio. *Amst.*, 1671, in-fol. fig. v. br.

552. Romæ antiquæ et novæ Theatrum, a Joach. a Sandrart. *Norimbergœ*, 1684, in-fol. fig. v. br.

553. Splendore dell'antica e moderna Roma da Giov. Alto, con le fig. di Jac. Lauro. *Roma*, 1641. = Antiquæ urbis vestigia quæ nunc extant, Jac. Laurus edid. *Romœ*, 1628, in-fol. obl. fig. vél.

554. Urbis Romæ topographia B. Marliani. *Romœ*, 1544, fig. = Barth. Marliani Annales consulum, dictatorum, censorumque romanorum. *Romœ*, 1560. = Notitia utraque cum Orientis cum Occidentis ultra Arcadii Honoriique Cæsar. tempora, illustre vetustatis monumentum. *Basileœ, Froben*, 1552, pet. in-fol. vél. vert, fil. tr. dor.

555. Jos. Ripamontii historiæ Patriæ. *Mediolani, s. a.* petit in-fol. 4 vol. v. br. fil.

556. Relazione dello stato in cui si trova l'opera del censimento universale del Ducato di Milano nel 1750. *Milano*, 1750, in-fol. br. en cart.

557. Joa. Simonetæ res gestæ Fr. Sphortiæ Mediolanensium Ducis. *Mediolani, A. Zarottus*, 1479, in-fol. v. f. (Bien conservé.)

558. Historia delle cose facte dallo invictiss. Duca Franc. Sforza scripta in latina da Giov. Simonetta et tradocta in lingua florentina da Ch. Landino. *Milano, A. Zarotto*, 1490, in-fol. bas., mouillé.

558 *bis*. Onuphrii Panvinii antiquitatum Veronensium libri VIII, 1648, in-fol. fig. v. br.

559. Torelli Savanæ de origine et amplitudine civitatis Veronæ. *Veronœ*, 1540, pet. in-fol. fig. en bois parchem., (raccomm. mouillé.)

560. Verona illustrata. *Verona*, 1732, in-fol. fig. 4 tom. en 1 vol. d.-rel.

561. Fasti Senenses, ab academia Intronatorum editi......... in-fol. v. br.

562. Car. Sigonii historiæ de rebus Bononiensibus lib. VIII... *Hanoviœ*, 1604, in-fol. v. f. fil.

548 — 4 — " — Cretaine
549 — 9 —50 — Barois
550 — 4 —95 — Libri
551 — 4 —60 — p°.
552 — 9 —95 — Tabarie Dulhot
553 — 6 —5 — p°
554 — 9 —8. — Dulhot

555 — 6 —50 — Libri
556 — 3 —5 — Libri
557 — 15 — " — B
558 — 12 — " — S.

558 bis — 6 —60 — Dulhot
559 — 4 —60 — Dulhot
560 — 8 —50 — Fayolle
561 — 3 — " — Libri
562 — 3 — " — id

563 Libri — 4 — 95 —
564 Libri — 4 — 50.
565 Libri 5 — 50 —
566 Libri — 3 — 5 —
567 Libri — 7 — 55 —
568 Libri — 3 — . —
569 Dulhot — 10 50 —

570 Tabarie — 10 — " —

571 Crozet — 6 — 5 —
572 Marlui — 8 — " —
573 Dulhot — 15 50 —

574 Tabarie — 5 — 87 —

575 Tabarie — 2 60 —
576 p.r 5 — " —
577 p.r 2 — 82 —
578 Tabarie 3 — " —
579 p.r — 10 50 —
580 Tabarie 10 "

33

563. Ristretto delle historie Genovesi di Paolo Interiano. *Lucca*, 1551, pet. in-4, v. br.

564. Ant. Possevini Gonzaga. *Mantuæ*, 1728, in-fol. v. br. (Taché d'humid. au commencem.)

565. Cam. Peregrinii historia principum Longobardorum. *Lugd. Batav.*, *s. a.* in-fol. fig. v. m.

566. Bern. Justiniani de origine urbis Venetiarum. *Venetiis*, *B. Benalius*, 1492, pet. in-fol. vél. (s. titre), piqué, notes manuscrites.

567. And. Mauroceni historia Veneta. *Venetiis*, 1623, in-fol. v. f. fil.

568. Rerum Venetarum historia; edid. P. Justiniani. *Venetiis*, 1576, in-fol. v. br.

569. La Sicilia di Filippo Paruta descritta con medagli e ristampata con aggiunta da Leon. Agostini, hora in miglior ordine disposita da M. Maier. *Lione*, 1617, in-fol. fig. v. f. fil.

570. Les conquêtes et trophées des Norman - François aux royaumes de Naples et de Sicile, par Gab. Dumoulin. *Rouen*, 1658, pet. in-fol. vél.

571. Marca Hispanica, auct. Petro de Marca. *Parisiis*, 1688, in-fol. v. m.

572. Rerum Hispanicarum scriptores aliquot ex biblioth. Rob. Beli. *Francofurti*, 1579, pet. in-fol. 2 vol. v. br. T. 10

573. Joa. Marianæ historiæ de rebus Hispaniæ lib. XXX; acced. Jos. Emm. Minianæ continuationis novæ libri X. *Hagæ Comit.*, 1733, in-fol. 4 vol. v. br.

574. Philippus Prudens Caroli V imp. filius, Lusitaniæ, Algarbiæ, Indiæ, Brasiliæ legitimus rex demonstratus a Joa. Caram. Lobkowitz. *Antuerpiæ, ex offic. Plant.*, 1639, pet. in-f. fig. v. f. fil. rel. en bois.

575. Pet. Kœrii Germania inferior descripta. *Amst.*, 1622, in-fol. fig. vél.

576. Brevis et accurata Belgiæ descriptio. (s. titre.) in-4 obl. fig. v. br.

577. Les plans et les profils des principales villes de Flandre. *Paris*, s. d. pet. in-4 obl. fig. v. br.

578. Aub. Miræi rerum Belgicarum chronicon. *Antuerpiæ*, 1635, pet. in-fol. v. br.

579. Premier volume des Antiquitez de la Gaule Belgique... par Rich. de Wassebourg. *Paris*, 1549, in-fol. v. br. fil.

580. Cronicque de Flandres, avec la continuation et les Mé-

moires d'Olivier de la Marche, nouvellem. mis en lumière par Den. Sauvage. *Lyon*, 1562, in-fol. vél.

581. Historia Flandriæ christianæ, auct. Oliv. Vredio. *Brugis Flandr.*, s. a. pet. in-fol. vél.

582. Historiæ comitum Flandriæ libri Prodromi II, auct. Oliv. Vredrio. *Brugis*, 1650, pet. in-fol. vél. (pars prima.)

583. Sigilla comitum Flandriæ et inscriptiones diplomatum ab iis editorum cum expositione historica Oliv. Vredii. *Brugis Flandr.*, 1639, pet. in-fol. fig. v. br.

584. Les sceaux des comtes de Flandres et inscript. des chartres par eux publiées, avec un éclaircissement histor. par Oliv. de Wree; trad. du latin par L. V. R. *Bruge en Flandr.*, 1641, pet. in-fol. fig. v. br.

585. Er. Puteani Bruxella incomparabili exemplo septenaria a Gripho Palladio descripta. *Bruxellæ*, 1646, pet. in-fol. fig. vél.

586. Descriptio et explicatio Pegmatum, arcuum et spectaculorum quæ Bruxellæ Brab. pridie 1594 exhibita fuere, sub ingressum Ernesti archid. Austriæ. *Bruxellæ*, 1594, in-fol. fig. parch.

587. Historia sacra et profana archiepiscopatus Mechliniensis, studio ac opera Corn. van Gestel. *Hagæ Comitum*, 1725, in-fol. fig. 2 tom. en 1 vol. v. br.

588. Franc. Haræi annales ducum seu principum Brabantiæ, tom. III, quo tumultus Belgici… enarrantur. *Antuerpiæ, ex offic. Plant.*, 1623, in-fol., mar. rou. dent., tr. dor., fleurdelisé.

589. Franc. Haræi annales ducum seu principum Brabantiæ totiusque Belgii. *Antuerpiæ, ex offic. Plant.*, 1623, in-fol. fig. 3 tom. en 2 vol., v. br.

590. Gisleberti chronica Hannoniæ, ed. March. du Chastelet. *Bruxellis*, 1787, in-4, br. en cart.

591. Description de tout le Pays-Bas, par Lod. Guicciardini. *Anvers*, 1567, pet. in-fol. fig. v. br.

592. Histoire des provinces unies des Pays-Bas, par Leclerc. *Amst.*, 1723, in-fol. 4 tom. en 2 vol. fig. v. m. (Le comm. du tom. 2 gâté par l'humidité.)

593. Histoire métallique des XVII provinces des Pays-Bas, tr. du holland. de Gérard van Loon. *La Haye*, 1732, in-fol. fig. 5 vol. v. f.

594. Annales et histoire de la guerre des Pays-Bas, trad. du latin de Grotius par Nic. l'Héritier. *Amst.*, 1622 pet. in-f.

581	5	9)	Tabarin
2	2	of	Tabarin
3	9	9)	Tabarin
4	6	9)	id
5	1		Tabarin
6	7	"	~~Deffer~~
7	8	"	defloration
8	5	6o	V.
9	12	"	
590	1	"	
1	2	of	defloration
2	7	5o	Tabarin
3	29	5o	Labor
4	5	9)	id
	8	2)	Tab
	12	"	

{4}	10	"	deflorum...
6	3	"	Tabari
7	3	..	id
7/8 bis	2	8o	id
8	2	§§	id
9	2	§o	l...
600	1	10..	tabur
1	3	"	id
2	23	"	graudimung
2 bis	34	"	silvestr
4	{16 7§}	"	id
6	15	"	
8	7	"	
9	9	§o	Silvestr
9	18	§o	silvestr
600	2	of	tubar

595. La grande Chronique ancienne et moderne de Hollande, Zélande, Westfrise, etc., recueillie par J. F. Lepetit. *Dordrecht*, 1604, in-fol. fig. 2 vol. vél.

596. Histoire métallique de la république de Hollande, par Bizot. *Paris*, 1687, in-fol. fig. v. br.

597. Victoires de Maurice de Nassau. *Leyde*, 1612, pet. in-fol. fig. v. br.

597 *bis*. Joa. de Beka et Wilh. Heda. de episcopis Ultrajectinis, cum notis Arn. Buchelii; acced. L. Hortensii Montforttii secessiones Ultrajectinæ.... *Ultraj.*, 1642, pet. in-fol. v. br. fil.

598. Obsidio Bredana armis Philippi IV, scribebat Herm. Hugo. *Antuerpiæ, ex offic. Plant.*, 1626, pet. in-fol. fig. vél.

599. Marci Zuerii Boxhornii historia obsidionis Bredæ. *Lugd. Batav.*, 1640, pet. in-fol. fig. v. br.

600. P. Winsemiii rerum Frisicarum libri VIII. *Leovardiæ*, 1646, pet. in-fol. v. br.

601. Histoire d'Angleterre, d'Écosse et d'Irlande, par A. Duchesne. *Paris*, 1634, in-fol. bas. dent.

602. Histoire d'Angleterre, d'Écosse et d'Irlande, par Larrey. *Rotterdam*, 1697, in-fol. fig. 4 vol. v. m. dent. tr. dor.

602 *bis*. 2ᵉ ex., 1707, v. f. fil.

604. Theatrum imperii magnæ Britanniæ, opus a J. Spedo Anglice conscript. è nunc vero a Phil. Hollando latinit. donatum. *Londini*, 1616, in-fol. vél.

605. Antiquæ constitutiones regni Angliæ sub regib. Joanne, Henrico III et Edoardo primo, per Gul. Prynne. *Londini*, 1672, in-fol. rel. en 2 vol. v. br.

606. A complete history of England. *London*, 1706, in-fol. fig. 3 vol. v. br.

607. The medallic history of England to the revolution. *London, Edward*, 1790, gr. in-4, pap. vél. fig. br. en cart.

608. A view of the selver, gold and copper coins and coinage of England by Th. Snelling. *London*, 1662-66. == Miscellaneous views of the coim struck by English princes in France, counterfeit sterlings, etc., by the same. *London*, 1769, gr. in-4, fig. br.

609. Anglo-Norman antiquitaties, by Ducarel. *London*, 1767, in-fol. fig. d.-rel. non rogné.

610. The history of the troubles of Great Britain, written in

French by Rob. Monteth of Salmonnet, translat. by James
Ogilvie. *London*, 1738, in-fol. v. br. fil.

611. Tragicum theatrum Londini celebrat. *Amst.*, 1649, pet.
in-12, fig. vél.

612. Scotorum historiæ libri XIX, Hect. Boethio Deidonano
auct.. *Parisiis, J. Dupuys*, 1575, in-fol. rel. en bois, piqué,
tache d'humidité dans la marge infér.

613. Rerum Scoticarum historia auct. Georg. Buchanano.
Edimburgi, 1582, pet. in-fol. v. br.

614. Joa. Schilteri thesaurus antiquitatum Teutonicarum.
Ulmæ, 1728, in-fol. 3 vol. v. m.

615. Abrégé de l'histoire du Droit public d'Allemagne, par
Pfeffel. *Manheim*, 1758, in-4, gr. pap. de Holl. mar. rou.
dent. tr. dor.

616. Topographia Germaniæ (Germanice) auct. Matth. Me-
rian. *Francof. ad Mæn.*, 1649, pet. in-fol., 8 vol. fig. vél.

616 *bis*. 6 vol., parties doubles de cet ouvrage.

617. Theatrum exhibens Germaniæ superioris civitates. *Amst.*,
1657, gr. in-fol. fig. 2 vol. vél. tr. dor.

618. Res Germanicæ edidit Henr. Meibomius. *Helmestadii*,
1688, in-fol. 3 tom. en 2 vol. v. br.

619 Fr. Irenici Exegesis historiæ Germaniæ, acced. Conr.
Celtis descriptio urbis Norimbergæ, curante J. Ad. Bern-
hard. *Hanoviæ*, 1728, in-fol. v. br.

620. Scriptores rerum Austriacarum veteres ac genuini... edidit Hier. Pez. *Lipsiæ*, 1721, in-fol. 2 vol. vél.

621. Didacus de Lequili de rebus Austriacis. *Œniponti*, 1660,
pet. in-fol. fig. 3 part. en 1 vol. v. m.

622. Melch. Goldasti politica imperialia. *Francofurti*, 1614,
in-fol. v. br.

623. Alb. Mussati historia Augusta Hénrici VII cæsaris et alia
quæ extant opera, cum notis L. Pignorii et N. Villani. *Venetiis*, 1636, in-fol. parch.

624. Æn. Silvii historia rerum Friderici III imper., cum
notis H. Boecleri; accesser. diplomata et documenta varia...
Argentorati, 1685, in-fol. fig. v. br,

625. Jo. Aventini annalium Boiorum libri VII. *Basileæ*, 1580.
== Ant. Possevini Moscovia, et alia opera. 1587. == Mart.
Bronioviii de Biezdzfedea, Tartariæ descriptio. Item Transylvaniæ, Moldaviæ, descriptio Georg. a Reichersdorf. *Coloniæ Agrip.*, 1595, in-fol. v. m. fil. tr. dor. (d'Hoym).

626. Boicæ gentis annales. *Monachii*, 1662, in-fol. 3 vol. vél.

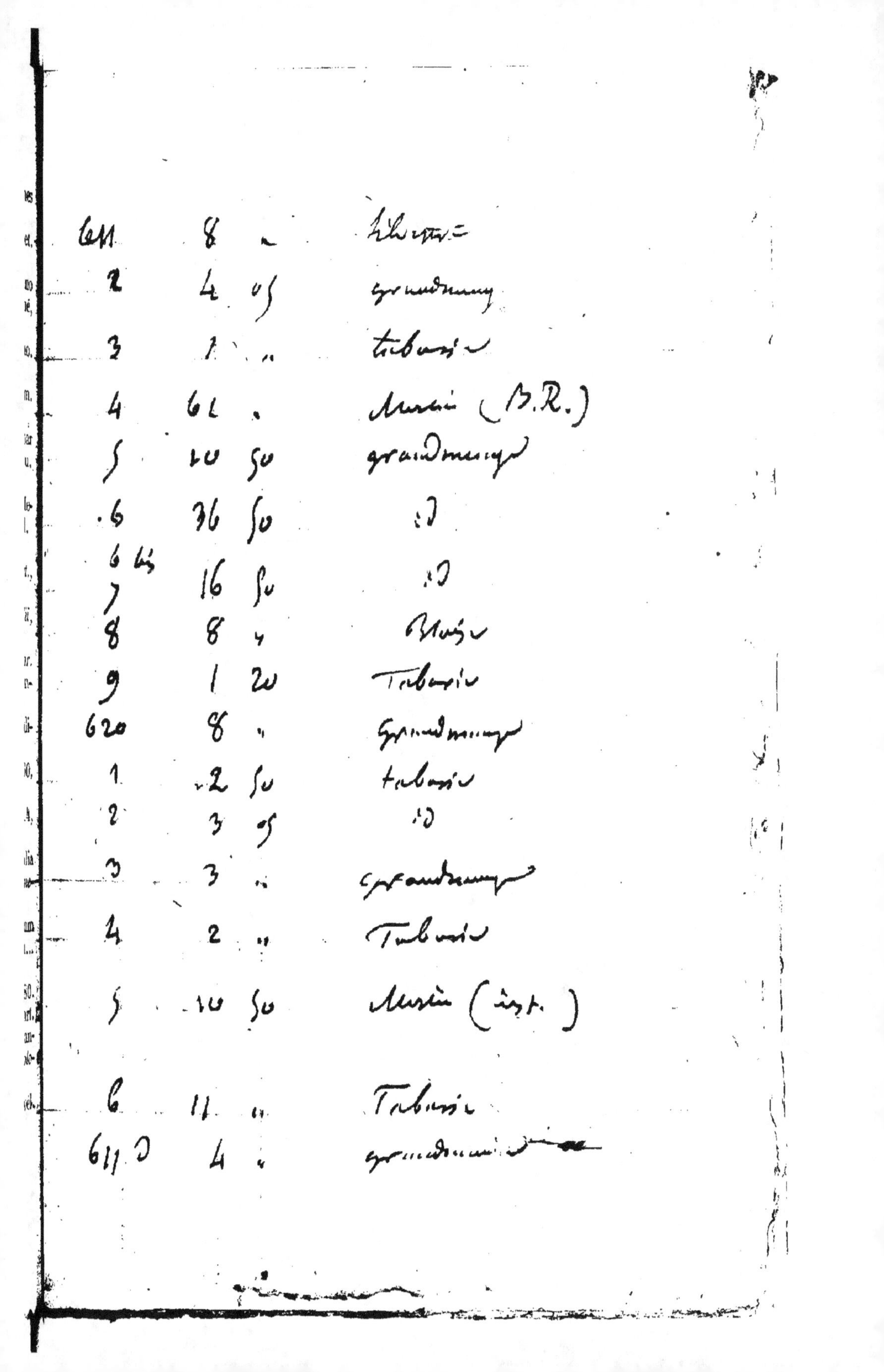

No.			
611	8	"	[illegible]
2	4	05	[illegible]
3	1	"	tabasir
4	6 L	.	Musin (B.R.)
5	10	50	[illegible]
6	36	50	:0
7 (6 bis)	16	50	:0
8	8	"	[illegible]
9	1	20	Trabasir
620	8	"	[illegible]
1	2	50	tabasir
2	3	05	:0
3	3	"	[illegible]
4	2	"	Trabasir
5	10	50	Musin (üst.)
6	11	"	Trabasir
611? D	4	"	[illegible]

627	45	"	Mercin (üst.)
8	9	"	Tabasin
9	20	14	grandmaye
630	7	of	
1	6	"	
2	5	"	tabasin
3	11	"	
4	3	45	grandmaye
5	3	20	
6	2	30	
7	31	,	Barris
8	2	"	Mercin (üst)
9	3	"	
640	1	40	
1	2	of	
631	4	10	
633	8	"	tabasin

627. Miscellanea historica regni Bohemiæ, auth. Bohuslao Balbino. *Pragæ*, *G. Czernoch*, 1679, in-fol. 4 vol. rel. en cart. non rog. *[ms.]*

628. Joa. Trithemii annales Hirsaugienses. *Typ. monasterii S. Galli*, 1690, in-fol. 2 vol. v. br.

629. Matth. Raderi Bavaria. *Monachii*, 1704, in-fol. fig. 4 vol. br.

630. Silesiacarum rerum scriptores aliquot adhuc inediti, edid. Fr. Wilh. de Sommersberg. *Lipsiæ*, 1729-30, in-fol. 2 vol. v. br.

631. Histoire de Guillaume III par médailles, inscriptions, etc., recueillies par Chevalier. *Amst.*, 1692, pet. in-fol. fig. v. m. (Avec un grand nombre de gravures et quelques dessins ajoutés et collés, soit sur les marges, soit dans les intervalles du texte.)

632. Histoire de Guillaume III par médailles, inscriptions, etc., recueillies par N. Chevalier. *Amst.*, 1692, in-fol. gr. pap. fig. v. m.

633. Jo. Angelii a Werdenhagen, de rebus publicis Hanseaticis. *Francofurti*, *M. Merianus*, 1641, in-fol. fig. 6 part. en 3 vol., piqué dans la marge du bas.

634. Les vies des Électeurs de Brandebourg, avec leurs portraits, trad. du latin de J. Cernitius par Ant. Teissier. *Berlin*, *A. Rudiger*, 1707, pet. in-fol. fig. v. f.

635. Sam. Puffendorfii commentariorum de rebus Succicis libri XXVI. *Francofusti ad Mœn.*, 1705, in-fol., v. m.

636. Rerum Danicarum historiæ libri X, auth. J. Is. Pontano. *Amst.*, 1631, in-fol. v. f. fil.

637. Torm. Torfæi historia rerum Norvegicarum. *Hafniæ*, 1711, in-fol. 4 tom. en 2 vol. bas.

638. Opera omnia Pauli comitis in aureo Potok, Pilavitæ Potocki. *Varsoviæ*, 1747, in-fol. br. en cart. *[ms.]*

639. Tableau des provinces situées sur la côte occidentale de la mer Caspienne. *Saint-Pétersbourg*, 1798, in-4, br. *[ms.]*

640. Rerum moscoviticarum commentarii Sigism. Liberi baronis in Herberstein. *Basileæ*, *I. Oporinus*, 1551, pet. in-fol. v. f. (Mouilé à la marge du fond.)

641. Médailles sur les principaux événemens de l'empire de Russie, depuis Pierre-le-Grand jusques à Catherine II, avec des explications par Rigaud de Tiregale. *Postdam*, 1772, in-fol. br.

642. Cosmographie de Levant, par A. Thevet. *Lion*, 1556, in-4 fig. en bois, v. f.

643. Germano-Græciæ libri VI, auct. Mart. Crusio. *Basileæ*, s. a. pet. in-fol. v. br. fil. (Mouillé.)

644. Il regno tutto di Candia delineato da M. Boschini. *Venetia*, 1651, pet. in-fol. fig. v. br.

645. Historiæ musulmanæ Turcorum, de monumentis ipsorum exscriptæ, libri XVII, opus Jo. Leunclavii. *Francofurti*, 1591, pet. in-fol. vél. à comp.

646. Mœurs des Turcs, par de Guer. *Paris*, 1746, in-4, fig. 2 vol. v. m.

647. Recueil de 60 fig. rapp. et collées sur pap., costumes de Levant, pet. in-4 bas.

648. Histoire philosophique et politique des établissemens des Européens dans les Indes, par Raynal. *Genève*, 1775, in-4, 3 vol. v. éc. fil. tr. dor.

649. Description de l'Inde, par Anquetil du Perron. *Berlin*, 1786, in-4, 3 vol. v. gr. fil.

650. Tabula chronologica monarchiæ Sinicæ, auct. Ph. Couplet. *Parisiis*, 1686, in-fol. vél.

651. Ath. Kircheri China monumentis illustrata. *Amst.*, 1667, pet. in-fol. fig. br.

652. La Chine illustrée d'Ath. Kircher. *Amst.*, 1670, in-fol. fig. v. br.

653. Historia Japonensis, à P. Mut. Vitelesco. *Moguntiæ*, 1628, pet. in-4 vél.

654. De Christi apud Japonios triumphis, auct. Nic. Trigautio. 1623. pet. in-4 vél.

655. Histoire de l'église du Japon, par Crasset. *Paris*, 1715, in-4, 2 vol. v. br.

656. J. L. Mosheniis historia Tartarorum ecclesiastica. *Helmstadii*, 1741, in-4 br. et c.

657. Description de l'Afrique, trad. du flam. d'O. Dapper. *Amst.*, 1686, in-fol. fig. v. br.

657 *bis*. Description du cap de Bonne-Espérance, par P. Kolbe. *Amst.*, 1727, in-fol. fig., 2 vol. v. br. (En holland.)

658. J. P. Maffeii historiarum Indicarum libri XVI. *Coloniæ Agripp.*, 1593, pet. in-fol. v. br. fil.

659. Conquêtes des Castillans dans les Indes, trad. de Herrera, par Lacoste. *Paris*, 1660, in-4, 3 vol. v. br.

660. Histoire de Saint-Domingue, par Charlevoix. *Paris*, 1730, in-4, 2 vol. v. m. fil.

647	1	65	[illegible]
9	1	..	[illegible]
4	1	80	[illegible]
5	1	60	[illegible]
6	6	80	
7	16	..	Dubois
8	7	55	
9	20	50	[illegible] Labor . [illegible]
650	1	50	[illegible]
1	3	25	
2	4	20	
3	8	..	[illegible]
4	8	..	
5	2	80	
6	3	..	[illegible]
7	3	..	
8	2	..	[illegible]
9	6	.	[illegible]
660	13	50	[illegible]
648	6	..	Dubois
652	6	..	[illegible]
657 bis	3	40	

661	1	75	
2	4	.	
3	10	50	labor
4	14	50	huzard
5	6	„	Messin (quat.)
6	13	50	:d. (quatt.)
7	4	„	V
8	3	50	deflorum
9	5	50	tabac
670	6	„	grandmange
1	8	„	D
2	2	20	Tabac
3	4	10	
4	2	„	V.
5	14	„	Orlean
6	4	60	:?
672	2	75	d.

39

661. The history of the conquest of Mexico, transl. from
D. Ant. Solis, by Th. Townsend. *London*, 1724, in-fol. fig.
v. br.

662. Historia de la conquista de Mexico, escriviola D. Ant. de
Solis. *Brusselas*, 1704, in-fol. fig. v. br.

663. Conquêtes des Portugais dans les Indes, par Lafiteau.
Paris, 1733, in-4 fig., 2 vol. v. br.

664. Casp. Barlæi rerum per œtennium in Brasilia historia.
Amst., 1647, in-fol. fig. vél. T. '5

665. Historica relatio de apostolicis missionibus PP. Soc. J.
apud chiquitos, paraquariæ populos à Pat. Fernandez.
Aug. Vindelicor., 1733, pet. in-4 d.-rel. q.7

666. Mœurs des Sauvages Américains, par Lafiteau. *Paris*,
1724, in-4, fig., 2 vol. v. br. 4.15

VI. ARCHÉOLOGIE. — HISTOIRE LITTÉRAIRE. — BIBLIOGRAPHIE. — BIOGRAPHIE. — EXTRAITS HISTORIQUES.

667. Funerali antichi descritti in dialogo da Th. Porcacchi con
le figure di Gir. Porro. *Venetia*, 1591, pet. in-fol. v. f. fil.

668. Pompe funebri di tutte le nation; del mondo da Franc. Perucci. *Verona*, 1639, pet. in-fol. fig. v. br. fil.

669. Histoire des grands chemins de l'empire romain, par Bergier. *Paris*, 1622, in-4 v. br. (Mouillé.) Jel. 5

670. Thesaurus antiquitatum sacro-profanarum auct. Fort.
Scaccho. *Hagæ Comit.*, 1725, in-fol. fig. v. m.

671. Antiquitates græcæ et romanæ à P. Montfauconio olim
collectæ et nunc in compendium redactæ a Joh. Jac. Schatzio,
notas criticas adjecit Joa. Sal. Semler. *Norimbergæ*, 1757,
in-fol. fig. vél. joh. 7

672. Spicilegium antiquitatis, exhibente L. Begero. *Coloniæ
Brandeburg.*, 1692, in-fol. fig. br. mouillé.

673. Miscellanea eruditæ antiquitatis, curâ et studio Jac. Sponii. *Lugduni*, 1685, in-fol. fig. v. br.

674. Monumientos descubiertos en la antiqua Illiberia, Illupula, ó garnata, por direccion del Dr D. Joan de Flores
Oddouz.... pet. in-fol. br. rog. (77 planch.)

675. Novus thesaurus antiquitatum romanarum congestus ab
Alb. Henr. de Sallengre. *Hagæ Comit.*, 1716, in-fol. fig.,
3 vol. cart. n. rog.

676. Vestigi delle antichità di Roma, Tiroli, Pozzuolo et alii

luochi. *Stampati in Praga da Ag. Sadeler scultore di essa Maec.*
s. a., in-fol. obl. v. br. (52 fig.)

677. Urbis Romæ topographia B. Marliani. *Romæ*, 1544, pet.
in-fol. fig. mar. rou. fil.

678. Roma subterranea novissima, opera et studio P. Aringhi.
Lutetiæ Paris., 1659, in-fol. fig., 2 tom. en 1 vol. v. br.

679. Roma sotterranea di Ant. Bosio. *Roma*, 1632, gr. in-fol.
fig. vél.

680. Arcus L. Septimii Severi anaglypha cum explicatione
Jos. Mar. Suaresii. *Romæ*, 1676, in-fol. fig. v. br.

681. Raph. Fabretti de Columna Trajani Syntagma. *Romæ*,
1683, in-fol. fig. v. br.

682. Anfiteatro Romano, da Geo. Pietro de' Crescenzi. *Mi-*
lanos, s. a. in-fol. v. br.

683. Ichnographia villæ Tiburtinæ Hadriani Cæsaris olim à
Pyrrho Ligorio delineata et descripta, postea à Fr. Continio
recognita et publici juris facta (lat. et ital.) *Romæ*, 1651,
gr. in-4, fig. br. en cart.

684. Monumentum sive Columbarium libertorum et Servorum
Liviæ Augustæ et Cæsarum ab Ant. Fr. Gorio, cum notis
Ant. Mar. Salvinii. *Florentiæ*, 1727, in-fol. v. m. fil. tr.
dor.

685. Antiquités d'Herculanum, gravées par David. *Paris*,
David, 1781, in-4, fig. 8 vol. v. éc. fil.

686. Antiquités étrusques, grecques et romaines, grav. par
David, avec des explications par d'Hancarville. *Paris*, 1785,
in-4 fig., 5 vol. bas.

687. Le grand Cabinet romain, avec les explications de Mich.-
Ange de la Chausse. *Amst.*, 1606, in-fol. fig. parch. vert.

688. Romanum Museum, operâ et studio Mich. Angeli Causei
de la Chausse. *Romæ*, 1746, in-fol. fig., 2 vol. d.-rel.

689. Museum Cortonense. *Romæ*, 1750, in-fol. fig. v. m.

890. Museum Odescalchum. *Romæ*, 1751, pet. in-fol. fig.
2 tom. en 1 vol. v. m.

691. Museum Guarnaccium, edit. et illustr. observationib.
Ant. Fr. Gorii. *Florentiæ*, 1744, in-fol. fig. br. en cart.

692. Romani Collegii soc. Jos. Museum, edid. Ath. Kircheri.
Amst., 1678, in-fol. fig. vél. (Quelques pages brûlées dans
la marge infér.)

693. Th. Reinesii Syntagma inscriptionum. *Lipsiæ*, 1682,
in-fol. vél.

677	2	of	
8	8	of	
9	14	"	grandmann
680	6	9s	Dutot
1	3	20	
2	2	"	Durand
3	1		Durand
4	4	4s	
5	30	50	delen
6	24	5u	abris
7	3	5u	
8	12	"	
9	5	50	
870	8	"	
84	5	60	delen
72	3	60	Dutot
93	2	9s	V.
677	2	.	V.
685, 3 pol.	9	.	relep .

694	6		Austin (Joh)
695	6	So	D° (Joh)
696	1	So	D°
697	14		[illegible]
698	3		Orleau
699	3		Austin ?
700	4	gs	Schaubeck
701	9	80	[illegible]
702	5	60	
703	5	87	[illegible]
704	4	60	p
705	3		Austin
706	1	60	
707	7	60	/
708	3	ss	[illegible]
709	3	gs	[illegible]
699"	2		Orleau

41

694. Antiquæ inscriptiones græcæ, tum latinæ, olim à Marq. Gudio collectæ, nuper à Joa. Korlio digestæ et nunc à Fr. Hosselio editæ. *Leovardiæ*, 1731, in-fol. d.-rel. n. rog.

695. Galletti Insc. Romanæ. *Romæ*, 1760, in-4, 3 vol. br. — Ejusd. Incs. Piceni, 1762, in-4 br.

696. Musæ Lapidariæ antiq. auct. Joa. Bapt. Ferretio. *Veronæ*, 1672, pet. in-fol. br.

697. Marmora arundellianae seldeniana, alia academ. Oxoniensi donata. *Londini*, *G. Bowyer*, 1732, in-fol. fig. v. m. fil.

698. Marmora Pisaurensia notis illustrata. *Pisauri*, 1737, in-fol. fig. br. en cart.

699. Marmora Felsinea. *Bononiæ*, 1690, pet. in-fol. fig. v. br.

700. Marmora oxoniensia ex arundellianis, seldenianis, aliisq. conflata, recensuit, et comment. explicav. H. Prideaux. *Oxonii*, *è Th. Sheld.*, 1676, in-fol. v. br.

701. Inscriptiones sacro-sanctæ vetustatis non illæ quidem Romanæ, auct. Raym. Fuggero. *Ingolstadii*, 1534, pet. in-fol. fig. v. m. (Quelques taches.)

702. Alex. Symm. Mazochii, commentarii in regii Herculanensis Musei æneas tabulas Heracleenses. *Neapoli*, 1754, in-fol. fig., 2 tom. en 1 vol. d.-rel.

703. Traité des pierres gravées par Mariette. *Paris*, 1750, pet. in-fol. fig., 2 vol. br. en cart.

704. Commentaria de antiquis scalptoribus qui sua nomina inciderunt in gemmis et cammeis, cum pluribus monumentis antiquitatis ineditis, auct. Dom. Aug. Bracci (cum versione ital.) *Florentiæ*, 1784, in-fol. fig. br. en cart. (T. 1er.)

705. Hieroglyphica, sive antiqua schemata gemmarum anularium, auct. Fert. Liceto. *Patavii*, 1653, in-fol. fig. v. br.

706. Gemmarum affabre sculptarum thesaurus; collegit Jo. M. Ab. Ebermayer, digessit et recens. Jo. Jac. Raierus. *Norimbergæ*, 1720. fig. = Capita Deorum et illustrium hominum... in gemmis; collegit J. M. ab Ebermayer, observationibus historicis illustr. Erhard. Reuch. *Ibid.*, 1721, in-fol. fig. v. br.

707. Description des principales pierres gravées du cabinet du duc d'Orléans. *Paris*, 1780, pet. in-fol. fig., 2 vol. tr. dor. non couverts.

708. Ezech. Spanheimii dissertationes de præstantia et usu

numismatum antiquorum. *Londini*, 1706, in-fol. fig.. 2 tom. en 1 vol. v. m.

709. Ezech. Spanhemii dissertationes de præstantia et usu numismatum antiquorum. *Londini*, 1717, in-fol. 2 vol. vél.

710. Seleucidarum imperium, sive Historia Regum Syriæ ad fidem numismatum accommodata, per J. Foy-Vaillant. *Hagæ Comit.*, 1732, pet. in-fol. fig. br.

711. Numismata ærea imperatorum, Augustarum et Cæsarum, auct. Joa. Foy-Vaillant. *Parisiis*, 1688, in-fol. fig., 2 tom. en 1 vol. v. m.

712. Numismata Imperatorum romanorum, per J. Vaillant. *Romæ*, 1743. in-4, 3 tom. en 2 vol. vél.

713. Numismata Pontificum romanorum à Martino V usq. ad ann. 1699, explicâta à Ph. Bonanni. *Romæ*, 1699, in-fol. gr. pap. fig., 2 tom. en 1 vol. v. m.

714. Hub. Goltzii opera omnia. *Antuerpiæ, ex offic. Plant.*, 1645, in-fol. fig. 5 vol. bas. m.

715. Icones, vitæ et elogia imperatorum Romanorum, auct. H. Goltzio. *Antuerpiæ, ex offic. Plantin.*, 1645, in-fol. fig. v. br. fil.

716. C. Jul. Cæsar sive historiæ imperatorum cæsarumque Romanorum ex antiquis numismatibus restitutæ; accessit J. Cæsaris vita et res gestæ. Hub. Goltzio auct. et scupltore. *Brugis Flandrorum*, 1563, pet. in-fol. fig. 2 part. en 1 vol. v. f.

717. I Cesari in oro, in argento e in medaglioni raccolti nel Farnese Museo, e publicati colle loro congrue interpretazioni, composte dal padre Paolo Pedrusi. *Parma*, 1684 à 1709, in-fol. fig. 5 vol. v. m. dent. tr. dor.

718. Médailles de grand et moyen bronze du cabinet de la reine Christine, grav. par Pietro Santes Bartolo, expliquées par un commentaire trad. du latin (texte en regard) de Sigeb. Havercamp. *La Haye*, 1742, in-fol. v. m.

719. Storia della Musica da G. B. Martini. *Bologna*, 1757, in-4, 3 vol. vél.

720. Petri Lambecii prodromus historiæ litterariæ..., curante Jo. Alb. Fabricio. *Lipsiæ*, 1710, pet. in-fol. v. f. (exempl. du comte de Hoym.)

721. Censura celebriorum authorum, recensuit Th. Pope Blount. *Londini*, 1690, petit in-fol. v. br.

722. La galleria di Minerva, overo notizie universali di quanto

709	18	50	Sonpar
710	1	55	p.°
1	3	80	cothrine
2	35	„	Lunois
3	5	30	
4	16	„	Dutot
5	3	80	p.°
6	3	„	Dictot
7	16	„	
8	4	35	
9	26	50	Martin
720	3	„	Blaise
1	1	„	Martin
2	4	95	Delun
716 D	2	80	Defflorum
716 D.	2	25	
720 .D	1	40	Martin

723	3	"	[illegible]
724	1	"	[illegible]
725	1	"	[illegible]
726	4	ss	[illegible]
727	3	30	[illegible]
728	2	ße	[illegible]
729	6	"	Ware
730	27	"	[illegible]
730 bis	6	60	[illegible]
731	6	"	[illegible] (vist)
732	5	of	[illegible]
733	2	"	Tabarde
734	18	ße	Ware
735	13	‡	[illegible] (vist)
736	12	"	[illegible]
737	17	ße	[illegible]
730 bis d.	4	ße	
733 d.	2	"	tabari
725	1	30	[illegible]

è stato scritto da litterati di Europa... *Venetia*, 1696, pet. in-fol. 5 part. en 3 vol. br.

723. Guill. Cave scriptorum ecclesiasticorum historia litteraria. *Genevæ*, 1705, in-fol. v. br.

724. De scriptoribus non ecclesiasticis, græcis, latinis, italicis, Jac. Gaddii. *Florentiæ*, 1648, pet. in-fol. bas., piqué.

725. Istoria de' poeti greci, scripta da Lor. Crasso. *Napoli*, 1678, in-fol. v. br.

726. Orbis literatus Germanico Europæus, in synopsi repræsentatus a Joa. Georg. Hagelgaus. *Francofurti ad Mœn.*, 1737, pet. in-fol. vél.

727. Illustres veteres scriptores, qui rerum a Germanis per multas ætates gestarum historias vel annales posteris reliquerunt ex biblioth. J. Pistorii. *Francofurti*, 1613, in-fol. v. br. fil. (Tome 1er.)

728. Bibliotheca Germanica, sive notitia scriptorum rerum Germanicarum, collecta a Mich. Hertzio. *Erfurti*, 1679, pet. in-fol. v. br., mouillé.

729. Réunion de Mémoires, requestes, rapports, esc., concernant les Universités. 1719-40, in-fol. parch.

730. Historia et antiquitates universatis Oxoniensis, Oxonia illustrata, a Dav. Loggan sculptore. *Oxonii, è Th. Sheld.*, 1674, in-fol. fig. 2 vol. v. br.

730 *bis*. Eadem. 2 tom. en 1 vol., sans les fig. de Loggan.

731. Nic. Comneni Papadopoli historia gymnasii Patavini. *Venetiis*, 1726, in-fol. 2 tom. en 1 vol. br. en cart.

732. Bibliothèque lorraine, ou histoire des Hommes illustres qui ont fleuri en Lorraine, par dom Calmet. *Nancy*, 1751, in-fol. bas. m.

733. Athenæ-Belgicæ, sive nomenclator inferioris Germaniæ scriptorum, Fr. Swertius edidit. *Antuerpiæ*, 1628, pet. in-fol. v. f.

734. Fred. Roth-Scholtzii thesaurus symbolorum ac emblematum, i. e. Insignia bibliopolarum et typographorum... *Norimbergæ*, 1730, pet. in-fol. fig. br. en cart.

735. Stephanorum historia, auctore Maittaire. *Londini*, 1709, in-8, v. m.

736. D. Eb. Baringii clavis diplomatica. *Hanoveræ*, 1754, in-4, br.

737. Librorum de re diplomatica supplementum, operâ et studio D. Joa. Mabillon. *Lutetiæ Parisiorum*, 1704, in-fol. fig. v. f. fil.

44

738. Codices manuscr. bibliothecæ regii Taurinensis Athænai, ex recens. Jos. Pasini. *Taurini*, 1749, in-fol. 2 vol. br. en cart.

+ 739. Catalogus codicum manusc. bibliothecæ mediceæ Laurentianæ... August. Mar. Bandinius recensuit. *Florentiæ*, 1765, in-fol. br. en cart. B.R.

+ 740. Catalogi librorum manuscriptorum Angliæ et Hiberniæ. *Oxoniæ*, è *Th. Sheld.*, 1697, in-fol. 2 tom. en 1 vol. v. f. fil. B.R.

+ 741. Bibliothecæ Bodleianæ codicum manusc. orientalium catalogus a Joa. Uri confectus. *Oxonii*, 1787, in-fol. br. en cart. Q-30 BR.

+ 742. Vinc. Placcii theatrum anonymorum et pseudonymorum, edente Jo. Alb. Fabricio. *Hamburgi*, 1708, in-fol. 2 vol. v. f. fil. Jol. G

743. Th. Georgii Europaisches Bücher lexicon. *Leipsig*, 1742-53, in-fol. 8 part. en 2 vol. vél.

744. Index librorum prohibitorum et expurgandorum, ab Ant. à Sotomaior recognitus. *Madriti*, 1667. == Index librorum prohibitorum Alexandri VII jussu editus. *Romæ*, 1667, in-fol. v. br. fil.

745. G. Matt. Konigii bibliotheca vetus et nova. *Altdorfii*, 1678, pet. in-fol. vél.

746. Bibliothèque du sieur Delacroix du Maine. *Paris, Ab.* Langelier, 1584, in-fol. v. f. fil. tr. dor.

747. La bibliothèque d'Ant. du Verdier. *Lyon*, 1585, in-fol. v. f. fil. tr. dor.

748. Bibliotheca sancta à F. Sixto Senensi. *Venetiis*, 1566, pet. in-fol. v. br. fil.

749. Bibliotheca sancta a F. Sexto Senensi. *Coloniæ*, 1586, pet. in-fol. v. br. fil.

749 *bis*. Eadem. *Lugd.*, 1593, in-fol. rel. en bois.

750. Bibliotheca sacra in binis syllabis distincta, labore et industriâ Jacobi le Long. *Parisiis*, 1723, in-fol. 2 vol. v. br.

+ 751. Bibliothèque sacrée ou Catalogue des meilleurs livres que l'on peut lire, pour acquérir la connaissance de l'écriture., in-fol. v. br. urf.

752. Bibliotheca ecclesiastica, curante J. Alb. Fabricio. *Hamburgi*. 1719, in-fol. vél.

753. Bibliothèque historique de la France, par Jacq. le Long. *Paris*, 1719, in-fol. v. br.

738	8	of	techener
739	20	50	Nustut (A.R.)
740	18	"	Nustin (M.R)
1	24	"	Nustin [Cq.
2	8	"	Worú
3	10	50	Techener
4	2	[illegible]	
5	2	25	nustin
6 }	20	50	Schuize
7 }			
8	1	65	
9	1	50	
749 bis	2	y	tabariu
750	4	"	,,
1	3	60	nustin (ors)
2	7	95	nustin
3	6	60	Schuize
740	15	"	waru
745	2	"	
746 ?	1	80	

754	50	"	Hénaux
5	22	50	Martin (inst)
6, 7 }	1	9f	tabarie
8	2	10	albaud
9	4	"	id
760	20	"	Martin (quat.)
1	5	9f	Warin
2	1	90	tabarie
3	8	9f	Worin
4	1	50	Robin
5	1	15	V
6	1	50	Warin
7	5	30	techner
8	6	9f	
9	8	"	warin
770	49	50	Labitte
1	21	50	Tabarie
760	15	50	techener
762	2	.	
	1	40	Tabari

754. Bibliothèque historique de la France, par Jac. Lelong, revue par Fevret de Fontette. *Paris*, 1768, in-fol. 5 vol. v. m.   *A uj. 40*

755. Bibliotheca britannico-hibernica, auct. Th. Tannero. *Londini*, 1748, in-fol. v. m.   *inst. 20*

756. A Report from che committee appointed to view the Cottoman Library. *London*, 1732, pet. in-fol. br.

757. Bibliotheca pistoriensis, à Fr. Ant. Zacharia. *Aug. Taurinor.*, 1752, pet. in-fol. v. m.

758. Bibliotheca hispana vetus, auct. D. Nic. Antonio Hispalensi. *Romæ*, 1696, in-fol., 2 tom. en 1 vol. vél.

759. Bibliotheca hispana, auct. D. Nic. Antonio Hispalensi. *Romæ*, 1672, in-fol. 2 tom. en 1 vol. v. br.

760. Epitome de la Bibliotheca oriental, y occidental, nautica y geografica de D. Ant. de Leon Pinelo, por mano del Marques de Torrenueva. *Madrid*, 1737, pet. in-fol., 3 tom. en 1 vol. v. f.   *62 . 20*

761. Catalogue des Livres de la bibliothèque du Conseil d'Etat, par M. Barbier. *Paris*, an XI, pet. in-fol., 2 tom. en 1 vol. cart.

762. Catalogus impress. libror. Bibliothecæ Bodleianæ, curâ et operâ Th. Hyde. *Oxonii*, 1674, in-fol. v. br.

763. Pet. Lambecii commentarii de Bibliotheca vindobonensi, operâ et studio Ad. Fr. Kollarii. *Vindobonæ*, 1766, in-fol., 2 vol. br. en cart.

764. Epitome bibliothecæ Conradi Gesneri, per Jos. Simlerum. *Tiguri*, 1555, pet. in-fol. v. f.

765. Bibliotheca instituta et collecta primum à Conr. Gesnero, deinde in Epitomen redacta, per Jos. Simlerum. *Tiguri*, 1573, in-fol. rel. en peau.

766. Bibliotheca Telleriana. *Parisiis*, T. R. 1693, in-fol. v. br.

767. Bibliothecæ Jos. Renati imperialis cardinalis S. Georgii. *Romæ*, 1711, in-fol. v. f. fil.

768. Bibliotheca coisliniana, olim segueriana, studio et operâ D. Bern. de Montfaucon. *Parisiis*, 1715, in-fol. gr. pap. v. m.   *manuscrits*

769. Catalogue des Livres du cab. de M. de Boze, 1745, pet. in-fol. v. fil.

770. Dictionnaire des auteurs classiques, par Sabathier. *Châlons-s.-Marne*, 1766, et suiv. in-8, 37 vol. v. m. fil.

771. Dictionnaire historique et critique, par P. Bayle, revu par Des Maizéaux. *Amst.*, 1740, in-fol., 4 vol. bas. m.

772. Dictionnaire historique , par Prosp. Marchand. *Lahaye*, 1758 , in-fol. , 2 vol. v. m.

773. Nouv. Dictionn. historique, par Chaudon et Delandine. *Lyon*, 1804, in-8, 13 vol. interfoliés, br. et cart. en 26 vol.

774. Dictionnaire historique, par Feller. *Lyon*, 1821, in-8, 10 vol. br. — Supplément. *Lyon*, 1829, in-8, 2 vol. br.

775. Dictionnaire des hommes marquans de la fin du 18ᵉ siècle. *Londres*, 1800. in-8, 2 vol. br.

776. Biographie des Contemporains, par Arnault, etc. *Paris*, 1820, in-8, 20 vol. br.

777. Vitæ virorum illustrium, auctoribus Æm. Porto, G. Cassandro et aliis. *Basileæ*, 1563, pet. in-fol. bas. fil.

778. Pauli Jovii elogia virorum bellica virtute illustrium imaginibus exornata. *Basileæ*, 1575, in-fol. fig. en bois, v. f. fil.

779. Pauli Jovii elogia virorum bellica virtute illustrium, imaginibus exornata. *Basileæ*, 1596. = Ejusd. elogia viror. literis illustrium imagin. exornata. *Basileæ*, 1577, in-fol. fig. en bois, bas.

780. Pauli Jovii elogia virorum literis illustrium, imaginibus exornata. *Basileæ*, 1577, in-fol. fig. en bois, v. br. fil.

781. Les Tombeaux des personnes illustres, par le Laboureur. *Paris*, 1641, pet. in-fol. fig. v. br. (sans titre,) mouillé.

782. De Vitis, sectis et dogmatibus omnium hæreticorum, per Gab. Prateolum. *Colotiæ*, 1569, in-fol. v. br.

783. Les Eloges de tous les premiers présidens du Parlement de Paris, par J. B. de l'Hermite-Souliers. *Paris*, 1645, in-fol. fig. v. br.

784. Bibliothèque des auteurs de Bourgogne, par l'abbé Papillon. *Dijon*, 1745, in-fol., 2 vol. v. m.

† 785. Vie des Seigneurs de la maison de Mornay. *Paris*, 1689, in-4 v. br.

786. Histoire du Connétable de Lesdiguières, par L. Videl. *Paris*, 1638, pet. in-fol. v. m, fil.

787. La même, gr. pap. v. f. fil.

788. Histoire du marech. de Toiras, par Mich. Baudier. *Paris*, 1644, in-fol. v. br. fil.

789. Histoire de la Vie du duc d'Espernon, par Girard. *Paris*, 1655, in-fol. v. br. fil.

790. Histoire du cardinal de Richelieu, par Aubery. *Paris*, 1660, in-fol. v. br.

772	3	"	Tabor
773	16	50	
4	16	"	[illegible]
5	2	40	[illegible]
6	40	"	[illegible]
7	1	55	
8	4	50	Tabor
9	5	60	"
780	5	45	tabor
1	2	50	[illegible]
2	1	"	[illegible]
3	2	80	"
4	5	"	[illegible]
5	1	40	tabor
6	2	30	"
7	2	30	
8	1	50	tabor
9	1	40	"
790	2	20	"
772 0	2	50	
772	2		
772	2	30	

791	1	⁗	T
2	3	10	ſa⁓
3	2	55	
4	1	50	
5 bis 6	5	⁗	T
	9	50	Schaubate
7	2	55	Schaubate
793	2	45	
796	9	60 ⸗⸗⸗	Schaubeck
796	8	95	tachi⁓
796	8	95	Schaubek	tach⁓

47

791. Histoire d'Artus III, duc de Bretagne, par Th. Godefroy, *Paris*, 1622, pet. in-4 v. br.

792. Abrégé histor. et iconograph. de la vie de Charles V, duc de Lorraine. *Nancy*, 1701, in-fol. fig. v. br.

793. Vie de Michel Ruiter, trad. du holl. de Ger. Brandt. *Amst.*, 1698, in-fol. fig. v. br.

794. De Vita et rebus gestis Nonni Alvaresii Pyreriæ lusitan. comitis-stabilis libri II, auct. Ant. Rod. Costio. *Olisipone occident.*, 1723, pet. in-fol. mar. rou. fil. *Aux armes*.

795. Gul. Dondini Historia de rebus in Gallia gestis ab Alexandro Farnesio. *Pestini*, 1560, pet. in-fol. br.

795 *bis*. Photii bibliotheca gr. Dav. Hoeschelius edid. et not. illustr. *Aug. Vindelicor.*, 1601, in-fol. vél.

796. Photii Myriobillon sive Bibliotheca libror. quos legit et censuit Photius, gr., edid. Dav. Hoeschelius et not. illustr., lat redd. et scholiis auxit And. Schottus. *Rothomagi*, 1653, in-fol. v. br.

797. Valerius Maximus, cum duplici commentario, Oliverii Arzignanensis et Jod. Badii Ascensii. 1513, pet. in-fol. rel. en bois.

3 . _ _ . 40 - ço
7 _ . 33 . Bardet
44 . . . . 2 . Perrin
94 _ . . 4 9ç anguis
2 _ . _ 3 . . id
13 _ . _ 7 V id
17 . . . 15 .
31 . . . 2 .
35 _ . 30 . Leber
152 _ . 10 . institut
159 _ 10 . Repoux
162 . . . 17 . institut incomplet rendu)
184 . . . 4 . Ternaux
193 . . . 19 .. noel de Vergers
196 . . . 1 . id
197 . . . 2 ço
199 . . 7 ço noel du V.
199 bis . 5 oç
216 . . 4 . Ternaux
217 . . 16 .. id
225 . . . 27 .. id
226 3 .. id

— 227 - - 3 . Ternaux
. 228 - - 2 . id
— 231 - - 2 60 - . id
— 227 D . 1 10
— 232 - - 7 . - quatrenure
— 233 - 2 95 . - Ternaux
234 - 6 . - quatrenure
— 235 - 7 95 - id
— 236 - 9 . - Ternaux
— 249 - - 2 20 - Pagès
— 278 - - 22 . - Biblioth. R. mss.
— 279 - - 5 of - . Perrin
280 - - 2 . - id.
298 - - 5 .. institut
299 - - 4 30 - id.
— 300 - . 2 . id.
— 309 - - 4 95 - Arsenal
312 - 5 50 - id
— 310 D. 18 . quatrenure
317 - - 17 50 - .
347 - 12 . - Noel du V.

368		~~st~~	..		
378		4	45	—	arsenal
371	d.	6	55	—	De Noailles
392		14	„	—	id.
401		3	50	—	Johanneum
430		5	50		
428		8	„		De Noailles
432		2	50		institut
438	d.	3	25		
455		2	.		Müller
456		6	50		id
458		4	.		Hensius
459		5	„		id
475		7	„		id
474	d.	5	„		id
499		17	„		
501		6	„		Dardes
1		10	„		De Noailles
539		5	„		Leber
550		7	„		institut
572		8	„		Temaux
614		61	.		Bibl. R. ness.
0		7	.		institut

625	—	6	ſo	—	institut.
627	—	45	"	—	institut
638	—	2	"	—	id.
639	—	3	"	—	id.
640	—	1	ſo	—	id.
653	—	8	"	—	Tern.
654	—	8	"	—	id
656	—	3	"	—	Jenn.
665	—	6	"	—	Quatuor
666	—	13	ſo		id
694	—	6	"		Johann
695	—	6	ſo		id
699		3	"		institut
696		1	ſo		id
705		3	"		Johann
719		26	ſo		[illegible]
720		1	"		[illegible]

726 - 4 ss
731 - 6 .. institut
735 - 13 . :).
736 - 12 .
739 — 10 So Bibl. R. mss.
741 — 24 .. .. Quatremere
745 — 2 y ..
751 — 3 60 — national
752 — 7 ss
755 - 22 So — institut
760 — 20 .. Quatremere
et r
6 vol 9 So b

14 vol. de Tite Live ———————————— 5 – 5
12 vol compte rendus ———————————— 2 – 30
1 vol ———————————————————————— 3 – 85
14 vol ——————————————————————— 4 – 60
12 vol de commencemt de Cesar —— —— 5 – 5